DEUTSCHE LANDE DEUTSCHE KUNST

Begründet von Burkhard Meier

Greetsiel, Sielhafen

EBERHARD LUTZE

Ostfriesland

Aufnahmen von

LOTHAR KLIMEK

DEUTSCHER KUNSTVERLAG

*Die Zahlen am Rande der Seiten verweisen auf den Bilderteil.
Eine Karte Ostfrieslands befindet sich am Schluß des Bandes.*

Aurich. Nach dem Stich von Matth. Merian, 1647

LAND UND LEUTE

In der touristischen Literatur unserer Tage werden die Ostfriesischen Inseln in der Regel an erster Stelle angezeigt. Der „Kontinent", das eigentliche Ostfriesland, die nordwestlichste deutsche Landschaft im Raum zwischen Weser und Ems, tritt hinter den Urlaub und Erholung versprechenden Eilanden im Meer zurück. Vom eiligen Reisenden wird der Regierungsbezirk Aurich, der zum Lande Niedersachsen gehört, nur als Vorfeld betrachtet und, ohne nach links oder rechts zu schauen, rasch durchfahren. Man fühlt sich erst am Ziel, wenn die Küste erreicht ist, sich in den Häfen das spannende Erlebnis der Überfahrt zu den am Horizont aufflimmernden Inseln gemächlich vorbereitet, während das Geschäft der Fischer, abhängig vom Tidenhub der Gezeiten, der Absatz des Fanges, das alltägliche Getriebe am Hafen, ob in Norddeich, in Bensersiel oder in Neuharlingersiel, geräuschvoll und behäbig vor sich geht, die Wartenden sich auf den Molen längs den Sielen ergehen, indessen die kleinen schnellen Schiffe die heimkehrenden Städter und die auf dem Festlande einkaufenden „Insularer" entlassen.

Von der Landschaft her und aus dem Rückblick in die Geschichte steht dem Kontinent der Vortritt zu. Die Inseln treten aus geschichtslosem Vorfeld erst spät in die Geschichte ein. Als vorgeschobene „Anleger" haben sie ihre Bevölkerung vom Wal- oder vom Fischfang ernährt, haben sie Schutz gewährt, den Schiffbrüchigen ebenso wie den gefürchteten Seeräubern, ehe die zur Balneologie vervollkommnete Kunde von der Heilkraft des Meeres die Inseln als See- und Kurbäder zu Weltruhm kommen ließ. Den ersten, wenn auch zunächst vergeblichen Vorstoß, Juist zu einer Badeinsel zu erheben, machte 1783 der Inselpastor Janus bei der Ostfriesischen Landschaft. Norderney eröffnete sein Bad im Jahre 1800, und in der Kulturgeschichte bei Hofe hat es bis zum Ersten Weltkriege eine mit dem Ostseebad Heiligendamm vergleichbare gesellschaftlich bestimmende Rolle gespielt, nicht zuletzt zwischen Hannover, Berlin und London.

Die hart am Rande des Festlandsockels vorgelagerten Inseln sind Glieder eines Dünenkranzes, der sich von Calais bis nach Nordjütland erstreckt. Man betrachtet sie als geologisch junge Bildungen, die innerhalb eines ständig von Westen nach Osten streichenden Sandstromes entstanden sind. Die Tideströmung gefährdet die Düneninseln daher von Westen her durch Abbrüche, Sandbänke und Riffe, während im Windschatten nach Osten

Sand angelandet wird. Die Inseln wandern also, sofern nicht Menschenwerk – Buhnen und Strandmauern – das Zerstörungswerk aufhält. Die heutigen Marschen glichen ehedem mehr einem Watt, das ständig von der Flut überströmt war und nur zur Ebbe trocken lag. Bei dem römischen Schriftsteller Plinius (23–79 n. Chr.) ist die zwischen fester Begrenzung und grenzenloser Bewegung aufgeführte Küste und das Leben der Küstenbewohner höchst dramatisch geschildert: „In großartiger Bewegung ergießt sich dort zweimal in der Zeit eines Tages und einer Nacht der Ozean über die unendliche Fläche, verhüllend den ewigen Widerstreit der Natur und eine Gegend, von der es zweifelhaft, ob sie zum Lande gehört oder ein Teil des Meeres ist. Dort haben sie – ein beklagenswertes Volk – hohe Erdhügel oder Erhöhungen, die mit Händen nach Maßgabe der höchsten von ihnen erlebten Flut errichtet sind; sie gleichen mit den so auf jene aufgebauten Hütten Schiffenden, wenn das Wasser die Umgebung bedeckt, Schiffbrüchigen aber, wenn es zurückgetreten ist."

Wem käme nicht etwas von der grauen Not in den Sinn, die hinter den Worten des Plinius wohnt, wenn die großen Stürme über die Wogen der Deutschen Bucht hinwegbrausen, wenn der gnadenlose Kampf gegen die elementaren Gewalten der Natur auch den Menschen im Zeitalter der Technik niederzwingt und die Welt für einen Augenblick den Atem anhält, wie dies in den Notzeiten der großen Sturmflut vom Jahre 1962 geschah? Plinius schildert eine Siedlungsform, welche den Schutz der Deiche noch nicht kennt, in welcher die Küstenbewohner vielmehr, geschützt von dem Kranz der wandernden Dünen, auf natürlichen oder künstlich erhöhten Erhebungen ihre Höfe und Dörfer hatten, nicht *hinter* den schützenden Deichen, die erst um die Jahrtausendwende zum charakteristischen Symbol einer geschichtlichen Tat der küstenbewohnenden und seefahrenden Völker werden sollten. Allein der Gewinn von Menschenhand hat Gefahren und neue Not heraufbeschworen. Der Tidenhub ist höher geworden, der Anprall der Fluten steigerte sich in seiner Wucht, sobald sich ihm ein durchlaufender Seedeich entgegenstellte. Hinzu kommt die erdgeschichtliche Tendenz, daß das Meer steigt und die Küste sich senkt. Im 9. Jahrhundert ist der Dünenkranz zerrissen, der den Küstensaum abgeschirmt hatte, und wo es bisher nur Dünen, Haffe und Nehrungen gegeben hatte, entstanden *vor* der Küste die Inseln; an und hinter der Küste rissen die Fluten, wenn sie eingebrochen waren, mächtige Buchten, hinterließen sie Einbrüche, durch das Salzwasser auf lange Zeiten verdorbenes Land, saure Wiesen, Moore und Sümpfe. Mannigfach sind die Namen, mit denen die Friesen solche Löcher, die nicht gedichtet werden konnten, belegen. Am bekanntesten und bleibendsten erwies sich die Jade, die mit der Julianenflut am 17. Februar 1164 gerissen wurde und das Land Rüstringen in zwei Teile zertrennte. Die furchtbare Marcellusflut vom 16. Januar 1362 hat die Landverluste an der Jade abermals vermehrt. Namen, wie das Schwarze Brack, erinnern daran, daß sich das Wasser vom aufgerissenen Moor verfärbt hatte. Ganze Dörfer veröedeten, Kirchen gingen unter. Noch dauerhafter erhielt sich der Einbruch der großen Sturmflut im Westen, an der Ems, wo das Jansumer Gatt aus der Küste gerissen wurde, der heutige Dollart. So entstand – zu einem sehr entscheidenden Zeitpunkt in der Geschichte Frieslands – eine neue Grenze. Das Rheiderland wurde zum Grenzland. Die feste Stammesgemeinschaft mit Westfriesland wurde durch Naturgewalten verändert, die größere Einheit in eingeengte Stammeslandschaften zerschlagen. Die politischen, kulturellen, sprachlichen Folgen aus solcher Grund und Boden verändernden Naturgewalt konnten nicht viel anders aussehen, als sonst Menschenwerk, Völkerwanderungen und Kriege es vermögen. Eine Neubesiedlung der verheerten Landschaften war auf den Zustrom neuen Blutes angewiesen. Zu gewaltig stand das Werk der Landgewinnung als Aufgabe vor der geschwächten Volkskraft, die vor der Großen Manntränke, wie die Marcellusflut in Schleswig-Holstein genannt wird, um 1350 bereits vom Schwarzen Tod, der damals in ganz Deutschland wütenden Pest, heimgesucht worden war. Dieser Prozeß der Landgewinnung, im großen Zusammenhang gesehen eine Wiedergewinnung, ist noch heute im Gange. Er vollzieht sich an Niederungen, die immer wieder von Katastrophen betroffen waren, an der Jade, an der Leybucht, an der Knock und am Dollart. 11

Wasser trennt nicht nur, oft verbindet es auch. Zwar gibt es in Ostfriesland nur wenige Flüsse – Ems, Jümme und Leda –, doch die Tiefe, Fehne und Kanäle fließen zu einem Verkehrsnetz zusammen, das dem der Landwege ebenbürtig, ja zu unsicheren Zeiten häufig den Straßen vorzuziehen war. Die beweglichen Boote der Friesen waren auf diesen Wasserwegen gut zu manövrieren. Im Bootsbau sind die Friesen führend gewesen, nicht zuletzt in der Notwehr gegen die Normannen, die im 9. Jahrhundert durch die Überlegenheit ihrer gefürchteten Langboote alle Küstenbewohner in Schrecken versetzten. Ihre Seetüchtigkeit und die stärkere Besatzung mochten die Gründe gewesen sein, welche zur Entwicklung eines neuen Schiffstyps führte, die den Friesen als Verdienst angerechnet wird: der Kogge, einem vorzugsweise als Frachtschiff eingesetzten Segler, der auf Ruderer gänzlich verzichtete und nach dem das Handelsvolk der Friesen geradezu als Kogginger, als Koggenfahrer bezeichnet worden ist. Der intensive Flottenbau mußte Raubbau an den Waldbeständen bedeuten und hat mittelbar Einfluß auf Boden und Klima gehabt. (Für das Vorkommen ausgedehnter Wälder stehen noch heute Urwälder im benachbarten Oldenburg, deren Ausschlußforsten den früheren Zustand konservieren.)

In den fetten Marschen, die sich „binnendeichs" in unendliche Weiten verlieren, gibt es allerdings kaum Bäume. Statt Hecken, die in der Geest Äcker und Höfe begrenzen, sind sie von zahllosen Gräben durchzogen, die ein sinnreiches Entwässerungssystem darstellen, das Wasser sammelt und zum nächsten Fluß oder direkt ins Meer entsendet. Dem Schutze und der Regulierung dienen die Siele an der Küste, deren Tore durch den Druck des Wassers bei Flut automatisch schließen und bei ablaufendem Wasser ebenso selbsttätig öffnen. Befestigte Hafenplätze sind an solchen Sielen entstanden. Sie entzücken, wie Greetsiel und Harlingersiel, durch die idyllische Architektur und den malerischen Fischereibetrieb, sind aber wie die holländischen Häfen am Ijsselmeer davon bedroht, durch die Aufschlickung des Wattes vom Meer abgeschnitten zu werden. Die rationelle Bewirtschaftung hat in den Marschen auch sonst ihre zivilisatorischen Fortschritte hinterlassen. Die Windmühlen, diese luftigen Wesen, halb Architektur, halb Flugkörper, sind vom Aussterben bedroht. Auch der Versuch, die Kraft ihrer Flügel außer zum Mahlen für die Entwässerung auszunutzen, ist auf die Dauer kein Mittel zu ihrer Erhaltung. Das Friesenhaus, praktischer und großräumiger als das aus Fachwerk errichtete Niedersachsenhaus, ist seit dem vorigen Jahrhundert deswegen im Vormarsch begriffen, weil es Menschen und Vieh, Werkstatt und Wohnraum unter tief herabgezogenem Dach, das den Seestürmen widersteht, in massiver Bauweise vereinigt. Die Urform ist die

Titelbild
40, 85, 86

41, 84

7

gleiche wie die des Niedersachsenhauses: Stall und Küche mit eingebauten Bettnischen. Das Friesenhaus bleibt nüchterner als die Häuser in Dithmarschen oder im Artland, aber es trägt den neuen landwirtschaftlichen Erfordernissen (Silos für Kunstdünger, größere Stallungen, Werkstätten und Garagen für die Traktoren) besser Rechnung. Es bietet Möglichkeiten zum Ausbau und für Varianten, wie das „Vorhaus" mit seinen Wohnräumen in die breite Verlängerung des Wirtschaftstraktes übergeführt werden kann. In der Ausstattung ist das bäuerliche und bürgerliche Haus dem der benachbarten niedersächsischen und westfriesischen Landschaften verwandt. In dem „Krüsselwark" genannten Vorhaus bildet die Küche mit dem Kaminherd den Hauptraum. Er war mit Delfter Kacheln, gegossenen Eisenplatten, Kupfer- und Messinggerät ausgestattet. Die Teekultur verleiht auch den ländlichen Wohnstuben etwas vom Glanze des hohen Stils. Man kann im Hause Samson in Leer die Wohnkultur des 17. bis 19. Jahrhunderts gut studieren: die Möbel von der kostbareren Art, Schränke in Spätrenaissance- und Barockformen mit vorgestellten Säulen, das Gesims mit Delfter Vasen besetzt, Anrichten, Kastentisch, Schreibsekretär und Sorgenstuhl, Truhen mit geschnitzten Drachen: sprechenden Sinnbildern als Beschützer des verschlossenen Schatzes. In den gemütlichen Stuben und auf den Dielen, die durch bemalte Scheiben in gedämpftes Licht getaucht sind, herrscht Behagen und Lebensfeinheit, nicht zuletzt durch das zahlreiche Geschirr in Porzellan und Fayence, das für den Tee, das Nationalgetränk, mannigfaltiger ist als anderswo.

Warum ist die Erhaltung der Gehöfte, die versuchte Neufassung vieler Aussiedlerhöfe häufig so unbefriedigend? Die Antwort muß lauten, daß die geschlossene Anlage zerstört wurde, weil die Ertragssteigerung aller Feldfrüchte während der letzten hundert Jahre zwar durch den Einsatz von Maschinen im Außendienst bewältigt werden konnte, es aber mißlang, den höheren Ertrag, den stärkeren Viehbesatz unterzubringen. Man verschandelte den alten Hof durch Stückwerk und betrübliche Mißbildungen. Bei guter Planung stellt sich indessen für solche erweiterte Bevorratung technisch und räumlich eine Verwandtschaft zwischen der hohen Raumausnutzung in der friesischen Gulfscheune und den modernen landwirtschaftlichen Skelettbauweisen heraus.

In dem weiten Lande haben die Höfe und Dörfer die gleiche Bedeutung als Landmarken und Richtungsweiser wie die Kirchen. Keine Mauer verstellt den Horizont. Die Gärten sind häufig von Baumreihen oder Taxushecken zum Schutz gegen den Sturm eingefriedigt, auch sie von Graften umgeben. Von der Straße führen Alleen auf die Tore der Bauernhäuser zu, die auf ihren Warfen wie Inseln im Marschland liegen. Solch künstlich angelegter Schutz wie die Deiche, die man die chinesische Mauer der Marschen genannt hat, und die Bäume, die man ringsum angepflanzt hat, schirmt gegen die Naturgewalten wirksam ab. Das beweisen die Bäume an den Straßen, die ihre Kronen tiefgebogen und zerzaust landseitig neigen, während nur wenige Kilometer davon entfernt, im Bereich der Geest, sie sich wohlgeformt erheben und ihre Wipfel sich fast berühren, oder in den herrlichen Schloßparks gewaltige Baumriesen aufrecht, unbehelligt von Windbrüchen, seit Menschengedenken stehen.

Friedrich der Große hatte der Verwaltung eingeschärft, für jeden gefällten Baum fünf bis sechs junge Stämme neu anzupflanzen. Solche Verordnungen bezogen sich auf Stammforste, deren bereits Ubbo Emmius 48 verzeichnet, Holzungen, die sich aus alten Klosteranlagen herleiten und mit der Reformation unter gräfliche Hoheit gelangten.

Sie alle liegen im Bereich der Geest, einem im Vergleich zu den Marschen welligen, abwechslungsreichen Land, dessen Sandboden mit Ton und Lehm durchsetzt ist. Ebenso reich in der Nutzung wie landschaftlich reizvoll sind die Dörfer und Flecken im Norder- und Harlingerland, die – wie Hage, Arle, Westerholt – auf der einen Seite den Kleiboden der Marschen, auf der anderen Geestboden haben. Zur Milch- und Viehwirtschaft tritt der Ackerbau, dem im Laufe der letzten hundert Jahre immer mehr Nutzung erschlossen worden ist. Der Torf in den Mooren wird weiterhin abgebaut; heute wird er mehr für Streu-, Dünge- und Isolationszwecke verwendet als noch vor hundert Jahren, im Zeitalter der Moorkolonisation, wo er als Brennstoff und Stallstreu lebensnotwendig gewesen ist. Noch heute dehnen sich „Meere", an deren Ufer Stille und Einsamkeit zu Hause sind; weit in der Ferne ziehen die Verkehrsströme auf breiten Straßen dahin. An die 10, 76 Moore führen nur Fußwege heran. Manches Schicksal – aus grauer Vorzeit bis in die jüngere Vergangenheit hinein – hat die schweigende Einöde der Moore zu Schauplätzen gehabt. Die Torfvorkommen sind aber beschränkt. So haben die ausgedehnten Anlagen in Wiesmoor (Kreis Aurich) ihre Energie umstellen müssen. Die dort kultivierten 80 000 qm großen Treibhäuser werden neuerdings ausschließlich mit Erdgas beheizt, das herangeführt werden muß. Der Torf, der für diese Energieversorgung zur Verfügung stand, ist erschöpft. Die rationalisierte Bewirtschaftung und der genossenschaftliche Absatz der Produkte sind das Kennzeichen der modernen Erschließung des Landes, das 1633 mit der Urbarmachung der Moore begonnen hat. Die innere Kolonisation der wüsten Heideflächen und der trügerischen Moore, die unter der preußischen Herrschaft zum königlichen Eigentum erklärt wurden (1765), ist eine Geschichte des sozialen Elends gewesen, bis es gelang, durch systematische Verplanung die langgestreckten Fehnsiedlungen mit ihren sauberen Häusern, Gärten und Kulturen rentabel zu machen, die künstlerisch zwar kaum etwas bieten, aber als Siedlungsform das Gesicht des Landes mitbestimmen (als Beispiel sei Westrhauderfehn im Kreis Leer genannt, dessen Fehnkanäle eine Länge von 25 km haben). Die Geschichte der Landgewinnung in Küstennähe hat sich in den Namen der Polder und Groden verewigt, die man ihnen zum Gedächtnis der Herrscher gab, die sie schufen (Enno-Ludwigsgroden, Christian-Eberhardspolder, Carolinensiel). Auch der hohe Leistungsstand des ostfriesischen Viehs gehört erst der jüngeren Vergangenheit an. Nicht so sehr die kriegerischen Verwicklungen und die Flutkatastrophen, deren es 1570 und 1717 wiederum verheerende gab, haben das Vieh dezimiert, als furchtbar um sich greifende Seuchen, über die erstmals 1745 berichtet wird. Nicht besser steht es um die Gesundheit der Marschensiedler, die unter dem „kalten Fieber" der Malaria zu leiden hatten. Man wurde dieser Seuche erst Herr mit der technischen Vervollkommnung der Entwässerung um die Wende zu unserem Jahrhundert. So sind die Grundlagen des heutigen Wohlstandes im Lande die Voraussetzungen zu den technischen Errungenschaften, deren Bauten mehr und mehr vordringen: die Sendeanlagen in Norddeich, die Großanlagen des Emder Binnen- und Außenhafens, des Leda-Sperrwerks bei Leer, das die 18 Niederungsgebiete der Leda und Jümme mit riesigem Grün- und Ackerland nicht nur vor den früher alljährlich auftretenden Überschwemmungen schützt, sondern die wirtschaftliche Nutzfläche ständig vergrößert hat und noch weiter vergrößern wird.

Einen einstweiligen Abschluß hat das Problem der Entwässerung mit der Fertigstellung des technisch perfekten Schöpfwerkes an der Knock vor Emden gefunden, das, mit

20 Millionen DM errichtet, die anfallenden Niederschlagsmengen im Lande zwischen Aurich und Außenems, zwischen der Leybucht und bis vor Emden abpumpt. In sinnvoller Beziehung haben angesichts dieses technischen Denkmals die Bronzestatuen des Großen Kurfürsten und Friedrichs des Großen ihren Standort gefunden, den sie innerhalb Emdens durch die Zerstörung im letzten Kriege verloren hatten. Der Kurfürst wendet sich seewärts, wohin er die Afrikanische Handelskompanie seit 1683 aussegeln ließ; der König blickt in das Land hinein, dessen Moore er durch das Urbarmachungsedikt von 1765 trocken zu legen begonnen hatte.

Die Technisierung prägt die veränderte Arbeitslage in der Landschaft: hatten noch vor zwanzig Jahren 40 % der erwerbstätigen Bevölkerung in der Land- und Forstwirtschaft ihr Auskommen gefunden, so waren es vor zehn Jahren 30 %, und heute treffen auf einen in den überlieferten Berufen Tätigen (16 %) bereits sechs „Abwanderer", die großenteils als Pendler in den Werft-, Automobil- und Chemiebetrieben im Raum Emden-Leer-Aurich tätig sind.

18 Der Erzhafen Emden schlägt von jeher vorzugsweise für das südlich an Ostfriesland grenzende westfälische Industriegebiet um. Neuere Ansiedlungen in Küstennähe haben die Tendenz, krisenfeste Standorte zu schaffen, wie die in den letzten Jahren aufgebauten exportierenden Zweigwerke großer Automobilwerke, wie das Projekt, eine Erdgas-Pipeline von der norwegischen Nordseeküste im Rysumer Knick unweit Emden enden zu lassen. Voraussetzungen für solche Ziele, die auf die Errichtung eines Atomkraftwerkes in diesem neuen Industrieraum hinauslaufen, stellt die Gewinnung von neu aufgeschwemmtem Land dar, deren Anlagen man an vielen Stellen der Küsten von Holland und dem deutschen Nordwesten antrifft.

Die Küstennähe läßt die Werksanlagen als „industrielle Stützpfeiler" erscheinen, welche die Wirtschaft des Landes stabilisieren. Da sie am Rande stehen, wird sich die Veränderung der landschaftlichen Umwelt in Ostfriesland wohl in Grenzen halten.

Ostfriesland umfaßt unter der Regierungsbezirkshauptstadt Aurich und mit seiner größten Stadt Emden, die als Hafen in der Bundesrepublik die dritte Stelle einnimmt, die Landkreise Aurich, Norden, Leer und Wittmund. So einheitlich die Landschaft sich dem ersten Blick auch darstellen mag: mit etwa 3135 qkm, mit 149 Einwohnern auf den qkm, mit Inseln, Marschen und Geest, in Stadt und Land, zwischen Schiffahrt und Fischerei, Viehzucht und Ackerbau, Industrie und Energieversorgung, Fremdenverkehr und Stammesbewußtsein, erschließt sich eine Mannigfaltigkeit, die diesem entlegenen Raum manche Entdeckung abzugewinnen vermag. Nicht nur herbe Schwermut liegt über diesem Lande; bei allem Ernst und bei aller Verhaltenheit schwingt in seiner großen Weite zwischen See und Himmel auch „stilles, großes Leuchten".

„FRIESISCHE FREIHEIT"

„Frei, tapfer, standhaft, das hieß und heißt friesisch. Eigen ist ihnen, daß sie mit großer Eifersucht und dichter Geschlossenheit ihre Sitte, Art und Weise gegen fremden Eindrang zu verteidigen suchen. Durch diese Geschlossenheit in sich und die Abgeschlossenheit und die Verschlossenheit gegen alles Fremde widerfährt den Friesen wohl, daß die Fremden sie nicht bloß für stolz, starr und eigensinnig, sondern wohl gar für dumm und beschränkt halten." Mit dieser Charakteristik hat Ernst Moritz Arndt ebenso die legendäre geschichtliche Freiheit der Friesen wie gewisse Stammeseigentümlichkeiten getroffen, die alle Wandlungen und Schicksale des Landes und des Volkes überdauert haben. Diese Stetigkeit des Charakters ist unbeschadet der Herkunft und der wechselseitigen Blutströme zu anderen Stämmen unbestritten, und sie mag aus der Seßhaftigkeit durch Jahrhunderte wie aus der Bindung an Meer und Marsch gedeutet werden.

Die geschichtliche Wurzel der spezifisch friesischen Freiheit ist im Mittelalter in ein Privileg Karls des Großen umgefälscht worden, ein Versuch, souveräne Rechte auf den Reichsgründer zurückzuführen, wie ihn auch ein Bürgermeister in Bremen um 1400 unternommen hat. De facto ist der ursächliche Zusammenhang umgekehrt anzunehmen: nachträglich hat eine auf Karl den Großen ausgestellte Urkunde geschichtliche Traditionen und Besitzrechte eines kraftvollen Stammes legitimieren sollen. Dabei scheinen zwei verschiedenartige Ansätze im Spiel gewesen zu sein. In Friesland sind mehrere Kirchen dem Hl. Magnus geweiht, unter anderem die Pfarrkirche in Esens. An der Auffindung und der Überführung der Reliquien dieses Heiligen, der Bischof von Trani in Apulien gewesen war, haben angeblich friesische Edle mitgewirkt. Das verbürgt die Inschrift auf einem „Friesenstein" in der Kirche S. Michele zu Rom, dessen lebhaft diskutierter verstümmelter Text auf die bedeutende Rolle der Friesen bei der Abwehr der Sarazeneneinfälle in Italien zur Zeit Karls des Großen und Lothars hinweist. Für die Schwerthilfe und die fromme Tat sollen die Friesen das Recht der Befreiung von der bischöflichen Macht und freie Abtwahl in den Klöstern gewonnen haben.

Der zweite Ansatz liegt in Ostfriesland selbst. Im Unterschied zu den legendären geistlichen Verbindungen nach Rom ist die „Wiege der friesischen Freiheit" hervorragend politischer Natur: die Unabhängigkeit von fremder Herrschaft, die sich darin bekundet, daß der ausgeprägte Freiheitssinn der Friesen demokratisch regierte „Bauernrepubliken" entstehen ließ. Ihre Konsuln genannten „Häupter" wurden auf Zeit gewählt. Aus dem 13. Jahrhundert ist der Upstalsboom als Thingstätte überliefert, wo sich am Dienstag nach Pfingsten die Bevollmächtigten der Länder zwischen der Zuidersee und der Weser trafen, um über Landfrieden und das Gemeine Ganze zu beraten. Der Upstalsboomverband hatte richterlichen Charakter (H. Wiemann).

Werfen wir nun nochmals einen Blick zurück auf die Zeit der Jahrtausendwende, in jene grundlegende Epoche des Friesenstammes, da es ihm gelang, die amphibische Welt des Watts zurückzugewinnen als Marsch, durch die gewaltige Erdbewegung der Eindeichung, die nun die Kuppen der äußersten Warfen in einem durchlaufenden Erdwall miteinander verband und hinter dessen „goldenem Reif" gesichertes Land und durch ein beispielhaftes Gemeinschaftswerk Raum für Haus, Mensch und Vieh geschaffen war.

„Gott schuf das Meer, der Friese den Deich." – „Wer nicht will deichen, muß weichen."

Um 1050–1070 wurden die 17 Küren aufgezeichnet, in denen sich die Friesen neue Landesgesetze gaben, die damit die karolingische Gesetzgebung und die Gliederung in Gaue ablöste. In der siebenten Küre steht der grundlegende Satz, daß „alle Friesen in freiem Stande leben sollen".

Die einzigartige Vollendung der Seedeiche und ihre gesetzliche Grundlage in den Küren deuten darauf hin, daß die Gewalt vom Volke ausging, also ein Status anzunehmen ist, der germanische Traditionen mit der Verfassung süd- und westeuropäischer Städte verschmolz. Die friesische Konsulatsverfassung überträgt städtische Befugnisse auf das flache Land, wo sich unter Auflösung der alten Grafschaften „terrae" bilden: Emsigerland, Rheiderland, Norderland, Harlingerland, Brokmerland; Bezeichnungen, die noch heute gebräuchlich sind, obwohl sie nicht mit den Grenzen der geltenden Landkreise übereinstimmen. Die „friesische Freiheit entwickelte sich offensichtlich nicht aus einem Kampf im engeren Sinne, sondern im gleichen Maße, wie die äußeren Einflüsse (Reich, Grafengewalt) schwächer wurden, nahm der Friese seine Chance wahr, seine Unabhängigkeit zu entfalten" (P. Zylmann). Hatte im 13. Jahrhundert eine englische Nachricht sich noch darauf beschränkt, das friesische Volk sei frei und keiner fremden Herrschaft unterworfen, so behaupteten 1327 die Östringer und Wangerländer gegenüber Philipp VI. von Frankreich, „sie seien keinem weltlichen Fürsten untertan, auch nicht dem deutschen Könige, und regierten sich selbst durch Richter, die alle Jahre neu gewählt würden" (C. Woebcken).

Im Sinne der Deutung von Ernst Moritz Arndt hat der freie Gemeinsinn der Friesen die Fortschritte und mehr noch die Rückschläge der politischen Entwicklung überdauert. Nicht nur daß die heutige Ostfriesische Landschaft den Baum und den Ritter des Upstalsbooms im Wappen führt, das Kaiser Leopold I. 1678 den ostfriesischen Ständen verliehen hatte; im Jahre 1955 verkündeten die Vertreter der friesischen Lande am Upstalsboom das friesische Manifest, in welchem aus dem Gefühl der Zusammengehörigkeit im Kampfe gegen die Naturgewalten der Nordsee und im Bewußtsein der Freiheit von den Niederlanden bis nach Dänemark eine ständige kulturelle Zusammenarbeit im Friesenrat beschlossen wurde. Die seit 1925 ins Leben gerufenen Friesentage haben damit einen festeren überstaatlichen Zusammenschluß erfahren. Das Fortbestehen solcher Stammesgesinnung ist um so mehr hervorzuheben, als die großen Gedanken, die in der friesischen Frühzeit gedacht wurden, zu keiner fortdauernden Staatsform realisiert worden sind. Schon die hochtrabende Äußerung an den französischen König war fragwürdig. Um die Mitte des 14. Jahrhunderts geriet die Konsulatsverfassung ins Wanken. Das Regiment ging unter dem Druck innerer Wirren und durch Angriffe von außen an einzelne Adlige über, die sich Häuptlinge nannten und über ihre dörflichen Besitzungen hinaustraten, die Regierungsgewalt über „Herrlichkeiten" an sich zogen, Herrschaftsräume, die später zu ostfriesischen Ämtern erklärt worden sind. Es bietet sich also zunächst das Bild größter Zersplitterung, von Feindseligkeiten und heftigen nachbarlichen Fehden dar. Im einzelnen waren die Herrlichkeiten, die der Burg ihres Häuptlings unterstanden, von recht unterschiedlicher Größe. So war es kulturell und politisch von hoher Bedeutung, daß ein führendes Häuptlingsgeschlecht, dessen Stammsitz Greetsiel war und das die Herrlichkeiten Norden, Emden, Berum, Aurich, Leerort und Stickhausen vereinigte, von Kaiser Friedrich III. mit der Reichsgrafschaft von Ostfriesland belehnt wurde. Als Ulrich I. Cirksena in der Gasthauskirche zu Emden am 23. Dezember 1464 das Lehen empfing, war damit die Nachfolge seiner Söhne gesichert, zugleich das eigentliche Ostfriesland gemeint, ohne die spätere Provinz Groningen, die in den voraufgegangenen Zeiten, da die Häuptlinge gewählt wurden, mit zu Ostfriesland gerechnet worden war. Die Führerrolle der Cirksena ist nicht unbestritten geblieben. Waren es im 14. und 15. Jahrhundert ein Okko tom Brok, Edo Wiemken und Sibet Attena, die in den inneren Kämpfen und den Fehden mit den Bremern und um ein Ostfriesland der größten Machtentfaltung ebenso blutig wie im Ergebnis vergeblich gestritten hatten, so verlagerte sich nun der Machtkampf der Cirksena gegen die Nachbarn im Osten. Die Gräfin Theda, die 1466 ihrem Gatten Ulrich als Regentin folgte, hat siegreich gegen die Oldenburger operiert. Dem bedeutendsten Herrscher des Hauses, dem Grafen Edzard dem Großen (1492–1528), blieb als Lebensaufgabe vorbehalten, das seinem Vater zuerkannte Gebiet zwischen Ems und Weser wirklich zu beherrschen. Das ist ihm unter schweren Opfern gelungen. Er festigte die Unteilbarkeit der Grafschaft, die Erstgeburtsfolge und die innere Zusammengehörigkeit als Friesen. Edzard hat sich das Ansehen eines Landesvaters erworben: bei den Geschlechtern, die ihm vormals ranggleich waren, bei den Bürgern der Stadt Emden, bei wohlhabenden Hausleuten und bei seinen Landsknechten. In seiner langen Regierungszeit gab es eigentlich nur sieben ruhige Jahre, aber auch die waren voller Unruhe, da sich damals die Katastrophen am Dollart und am Jadebusen ereigneten. Im Inneren hatte Edzard einer Allianz der Häuptlinge von Harlingerland und Jever mit dem Bischof von Münster und der Hansestadt Hamburg entgegenzutreten und durch Vergleiche zu beenden. Nach außen hin war die eben errungene Selbständigkeit gefährdet durch die Tatsache, daß Kaiser Maximilian den Herzog Albrecht den Beherzten von Sachsen als Dank für seine Erfolge als Heerführer in den Niederlanden „zum ewigen Gubernator und Potestaten von Friesland" ernannte. In der Sächsischen Fehde ging es um den Besitz Groningens. Im Bunde mit dem Grafen Johann von Oldenburg erwirkte Georg von Sachsen die Reichsacht gegen Edzard. Von Westen und Osten in die Zange genommen, gelang es dem ostfriesischen Grafen Schritt um Schritt, Rückschläge durch geschickte Verhandlung und zähe Verteidigung auszugleichen. Ohne einen Schwertstreich verstand er es, den sein Land bedrohenden Friesischen Bund zu zerschlagen, der die Grafschaft bereits zwischen den Häusern Burgund und Braunschweig aufgeteilt hatte. 1516 erreicht Edzard, von Kaiser Maximilian in Brüssel in Audienz empfangen zu werden: die Lösung aus der Reichsacht war der Lohn, mit dem der Kaiser die Kaltblütigkeit des bedrohten Grafen honorierte, nachdem ihm vorher bereits die burgundische Regierung Karls V. den ostfriesischen Besitzstand rückhaltlos garantiert hatte. Edzard, der von der Treue seiner Untertanen wie von einer unsichtbaren Mauer beschirmte Landesvater, hatte damit seinen bisherigen Widersachern den Vorwand zum Kriege entzogen. Damals hat ihn Jakob Cornelisz van Amsterdam gemalt; ein Bildnis, das den Grafen zwar in der höfischen Erscheinung des großen Herrn wiedergibt, in der Pelzschaube, dem modischen Barett über der golddurchwirkten Haube, die duftende Bisamkapsel in der Hand haltend, das aber vor allem menschlich ergreift durch die seelische Tiefe, die es vermittelt. Hier sieht sich ein Mann, der Außerordentliches geleistet hat, am Ziel: müde, ausgezehrt, die Züge des scharf geschnittenen Gesichtes fast wie zur Toten-

108

maske abgemagert und mehr die wache, hintergründige Diplomatie als landesväterliche Güte verkörpernd.

In der Versammlung der Herrscherbildnisse, die im Sitzungssaal der Ostfriesischen Landschaft von den Wänden herabblickt, tritt die Souveränität des geborenen Herrn in der Nachbarschaft der mehr dekorativen Repräsentation hervor. Ein Bildnis seines Enkels Edzard II. – um 1580 entstanden – zeigt physiognomisch verwandte Züge, aber auch den Beginn müder Degeneration (Emden, Rathaus). Das Haus Cirksena hat bis zum Jahre 1744 über Ostfriesland geherrscht, aber man hat ausgerechnet, daß der letzte Fürst, ein „frommer herzensguter Mensch", in der Reihe seiner 256 Ahnen allein Edzard den Großen als echten Friesen führte; die übrigen 255 sind Landesfremde gewesen.

Farbt. S. 15 Bilder, die eine Vorstellung von der friesischen Freiheit übermitteln, sind selten. Um so höher sind die Goldtrachten zu bewerten, die Unico Manninga (1529–1588), Häuptling zu Lütetsburg, Bergum und Visquard, Drost zu Emden, 1561 in seinem Hausbuch abmalen ließ und mit eigenhändigen Erläuterungen versah. Die zart lavierten Zeichnungen beziehen sich auf Trachten, die dem Verfasser des Buches noch durch die Kleider und Schmuckstücke aus dem Besitz seiner Großmutter im Original bekannt waren. Während Dürer um 1500 Nürnberger Frauen zeichnete, wie sie sich im Kirchen-, Tanz- und Hauskleid „wirklich" bewegten, hat Unico Manninga aus der Erkenntnis, daß die überlieferten Trachten seit der Mitte des 16. Jahrhunderts immer mehr verschwänden, alles „abconterfeien" lassen. Die Bilder komplettieren also den chronistischen Wert des Hausbuches mit seinen Nachrichten zur Landesgeschichte, aus der Chronik der Stadt Norden und der Stammesgeschichte. Die Männer, „etwa ein gemeiner Bauer und Kriegsknecht", erscheinen in den üblichen pelzbesetzten grauen oder weißen Wollanzügen, in schwarzem Castorhut, mit Schwert und Hellebarde. Häuptling und Bauer unterscheiden sich im Aufwand und in der Bewaffnung. Zaddelwerk an der Kappe, Details der Waffen werden eigens hervorgehoben, abgezeichnet oder beschrieben. Anders bei den Frauen. Die Kleiderordnung der verheirateten Frau unter der Haube, des Fräuleins mit dem Diadem im offenen Haar und der Bauersfrauen ist in der üblichen Art beachtet, doch fällt auf, daß alle Frauen in plissierten roten Kleidern auftreten, und daß sie, gestaffelt nach der sozialen Zugehörigkeit, reich geschmückt sind. Die Bilder vermitteln den Brauch, daß die Friesenfrauen soviel Gold „an ihren Häuptern bis zu ihren Füßen herab" tragen durften, wie sie es finanziell aufzubringen vermochten. Dieses Privileg stach sehr von den städtischen Kleiderordnungen andernorts ab, die eifersüchtig darauf bedacht waren, die Rechte des Patriziats gegen modische Zugeständnisse an die Frauen der in den Zünften geordneten Handwerke abzugrenzen. Genauere Angaben über die Steuererhebung liegen für die Frühzeit nicht vor. Man kann aber wohl zurückschließen, daß es so etwas wie eine Vermögenssteuer gab, die auch „Gold, Silber gemünzet und ungemünzet" erfaßt hat. Prachtliebe als Repräsentation und als Kapitalanlage kommen gleicherweise in der friesischen Goldtracht zum Ausdruck. Sie läßt erkennen, daß sich die Wirtschaft im Lande allen Plagen zum Trotz immer wieder erholte und die am Leibe getragene Sparkasse aufgefüllt werden konnte.

Rot war stets die kaiserliche Farbe. Sie kommt immer wieder im Kaiserornat vor, dessen Gewänderfolge und Symbolik im geistlichen Ornat ihren Ursprung haben. Auch die bestickten und edelsteingeschmückten Schuhe und Strümpfe haben dort ihr Vorbild.

Um 1000 wird ein den ganzen Körper deckendes liturgisches Gewand von scharlachroter Farbe beschrieben, das an Schultern, Hals, Füßen und Armen mit 72 Glöckchen und ebenso vielen Granatäpfeln geschmückt war. Auch die Glöckchen, welche die friesische Ritterfrau im 15. Jahrhundert an ihrem Kleide trug, haben also eine liturgische Herkunft und kamen um die Wende vom 14. zum 15. Jahrhundert am Lendner der Männer – einem tiefsitzenden Gürtel – in der höfischen Mode vor, um bis in unsere Tage zum Attribut der Narren und als Schellen in den Fastnachtsbräuchen „abzusinken". So dürfen sie in dem Hausbuch des ostfriesischen Häuptlings als posthumes Denkmal der friesischen Freiheit, als Zeugnisse eines Zeremoniells gedeutet werden, das in der Tat auf Vorstellungen vom Königspriestertum zurückgeht. Damit bestätigt sich, daß die Scheibenfibeln des schmückenden Beiwerks Leitformen aus der Völkerwanderungszeit aufbewahren. Die Vorliebe für das Gold und die Verwendung der Edelmetalle für Schmuck und Gerät ist nicht auf die Ritterschaft beschränkt geblieben. Das beweist das Trachtenbuch, das beweist aber auch die Statistik, daß man in Emden ab 1403 bis etwa zur Mitte des 19. Jahrhunderts zwischen 200 und 300 Goldschmiede gezählt hat, eine Zahl, die mit Bremen konkurriert. In Jever wurden für den gleichen Zeitraum mehr als 50, in Esens und Leer nahe an 50 Goldschmiede nachgewiesen. Das bedeutet, daß das Goldschmiedehandwerk in Ostfriesland weitaus stärker war als in anderen Städten Niedersachsens.

Nach den Richtern der Konsulatsverfassung und den Häuptlingen mit ihren Herrlichkeiten und Ämtern sind innerhalb der sozialen Struktur Ostfrieslands die Landstände zu erwähnen. Die Mitwirkung der Stände tritt unter Edzard dem Großen wiederholt in Erscheinung, so wenn bei der Herausgabe des Landrechtes Rat, Consens und Vollwort Unserer Räte und Junker erwähnt werden. Bei Geldbewilligungen werden die Stände in steigendem Maße tätig, ja aus der anfänglich erkennbaren Mitwirkung entwickelt sich ein verbrieftes Bewilligungsrecht. Im einzelnen setzte sich die „Landschaft", nachdem in der Reformation die Prälaten entfallen waren, aus der Ritterschaft, dem Städtestand und dem Hausmannsstand zusammen.

Bis zum Ende der fürstlichen Zeit gab es 28 landtagsfähige Güter, deren aber etliche unter einer Hand vereinigt waren. Als Städtestand figurieren seit der zweiten Hälfte des 16. Jahrhunderts Emden, Aurich und Norden. Es gab keine Stadtgründungen durch Hoheitsakt; die Loslösung aus dem dritten Stand erfolgte stetig, mit der Verbesserung der wirtschaftlichen Lage, insbesondere in Emden, dessen Kapitalkraft durch die Aufnahme der Flüchtlinge aus Holland und England sprunghaft stieg. Der Hausmannsstand umfaßte die Flecken und die Bauern auf den Höfen, sofern sie einen gewissen Mindestbesitz ausweisen konnten, und mit Ausnahme der Inseln die Domänen. Die Fehne, Polder und Heidekolonien lebten in Erbpacht der Landesherren. Die Rechte waren zwischen den Ständen strittig und in Bewegung. Auf jeden Fall ist die Geschichte der Stände in Ostfriesland älter als die der Häuptlinge. Auf den Upstalsboom bezogen, ist die Stellung der freien Bauern angesehen und unangetastet geblieben. Die meene meente, die „Allgemeinheit", ist im Sinne der „friesischen Freiheit" immer wieder bei Entscheidungen in der Gesetzgebung und in der Verwaltung angehört oder hat zu urkundlichen Besiegelungen des Landesherrn ihre Zustimmung ausdrücklich kundgetan.

Es wäre voreilig, wollte man aus diesen Feststellungen den Schluß ziehen, die innere Entwicklung in Ostfriesland habe den Schwerpunkt im Landleben gehabt. Die See, der

Fernhandel und damit verbunden die Seeräuberei sind schicksalbestimmend gewesen. Die Nordsee heißt bei Adam von Bremen Mare Fresenum. Aus Münzfunden ist die Verbreitung Emder und Jeverer Münzen im gesamten Ostseeraum nachgewiesen. Pferde wurden nach Flandern und Frankreich exportiert. In einer Hamburger Zunftrolle sind außer den üblichen Ausfuhrartikeln Bohnen besonders hervorgehoben. Es scheint also schon damals Spezialanbaugebiete gegeben zu haben, wie heute im Rheiderland die Tulpen oder die Baumschulen. Bevor der Markt von der holländischen Ware beherrscht wurde, behauptet das friesische Tuch eine Art Monopolstellung. „Roggenbrot galt 1182 im Kloster Reepsholt als feinere Kost, wie bei uns Weißbrot." Das bedeutet, daß Getreide eingeführt werden mußte, so lange, bis die Urbarmachung größere Anbaugebiete erschloß.

Die Friesen waren typische Zwischenhändler. Dazu setzte sie ihre Erfahrung als hervorragende Seefahrer instand. Eine Palästina- und Nillandexpedition mit 100 friesischen Schiffen im Jahre 1217 gilt als „das größte seemännische Unternehmen, das die Welt bis dahin gesehen hatte". Den Kreuzfahrern des ersten Kreuzzuges kamen an der Küste Ciliciens lateinische Segler entgegen: es waren friesische Seeräuber. Aus dieser Seegeltung verstanden die Friesen hohen Profit zu machen. Die Bautätigkeit im 13. Jahrhundert ist eine Folge dieser wirtschaftlichen Blüte. Mit dem Aufkommen der Hanse und einer bald zum Monopol tendierenden Konkurrenz geriet der friesische Handel in Bedrängnis, und man spezialisierte sich kurzerhand auf die Piraterie. Rasche, auch in seichten Gewässern manövrierfähige Friesenboote machten es den Hansekoggen schwer, ihnen zu folgen. Zwischen 1395 und 1401 erfuhren die friesischen Piratenunternehmungen gefährlichen Auftrieb, als Klaus Störtebeker und Gödeke Michael aus Wismar in der Ostsee als Vitalienbrüder brotlos geworden waren, da ihre Auftraggeber im Streit um den schwedischen Königsthron Frieden geschlossen hatten. So waren sie gezwungen, Häfen an der Nordsee anzulaufen, um ihre Schiffe auszubessern, sich mit Proviant zu versorgen und ihre Beute abzusetzen. Der Häuptling Edo Wiemken nahm sie als erster auf. Der Privatkrieg, den die beiden Likedeeler, wie sie der Volksmund nach der zu gleichen Teilen abgegebenen Beute auch genannt hat, gegen die Engländer, Schotten, Flamen, Holländer und nicht zuletzt mit den Hansestädten Bremen und Hamburg führten, nahm bedenkliche Ausmaße an. So fielen ihnen 1398 im Kanal an die 15 Kauffahrteischiffe zum Opfer, deren reiche Beute aller Art in Marienhafe ausgeladen und an den Mann gebracht wurde. Die Strafexpedition der Hansestädte mit elf schwerbewaffneten Koggen ließ nicht lange auf sich warten. Und hier ist zu vermerken, daß die Ostfriesen gemeinsame Sache mit den Likedeelern gemacht haben. In Emden, Norden, Dornum, Wittmund, Pilsum, Greetsiel, Larrelt und immer wieder im Hauptquartier Marienhafe, überall waren sie gewesen. Ihr Transitverkehr nach Holland lief ungehindert. Doch viele Hunde sind des Hasen Tod: Störtebeker fiel am 20. Oktober 1400, Gödeke im Herbst 1401 auf dem Markt in Hamburg unter dem Henkerbeil.

Die Störtebeker-Episode hat für die kulturgeschichtliche Betrachtung Ostfrieslands einige Bedeutung, weil Marienhafe und Pilsum als bedeutendste Seezeichen und Häfen die Hauptquartiere der Likedeeler waren. Von der Piraterie ist aber auch ein Makel auf dem Charakter der Friesen geblieben, als deren gefürchtetster Exponent – auch im eigenen Lande – der berüchtigte Balthasar von Esens, von allen verlassen, schließlich bei einer Belagerung durch die Bremer 1540 das Leben verlor. Aber schon 1233 hatte Papst Gregor IX. den fernen Friesen bestätigt, daß ihnen „die Ruhe verhaßt ist, die sich fortgesetzt gegenseitig bekämpfen und mit aller Kraftanstrengung darauf aus sind, sich gegenseitig den Untergang zu bereiten". In Ostfriesland bestand die Einrichtung, die Propsteien, das heißt die kirchlichen Vermögen und die kirchliche Jurisdiktion, an Laien zu vergeben. 1493 begründet Papst Alexander VI. diese aus „unvordenklichen Zeiten" herrührende Übertragung geistlicher Gewalten an Laien mit den schlechten Charaktereigenschaften des friesischen Volksstammes, seinem Hinneigen zu Roheit, Wildheit und Widersetzlichkeit. Der Ruf als „Krämervolk" schien den Friesen solange anzuhaften wie sie den Seehandel beherrschten. Später, als die Konkurrenten, die Hansestädte und die Holländer, ihnen den Rang abgelaufen hatten, ist davon nicht mehr die Rede. Jetzt werden im Gegenteil die hinterwäldlerischen Eigenschaften, die Arndt zitiert, hervorgekehrt, so, wenn in einem höfischen Zuchtbüchlein vermerkt ist, „man solle die Butter nicht mit dem Daumen aufs Brot schmieren wie ein Friese". So wäre es im Hinblick auf gewisse kulturgeschichtliche Erscheinungen im Lande einseitig, wollte man Kehrseiten der „friesischen Freiheit" verschweigen. Eine Hausinschrift in Groothusen lautete:

Laat nyders niden, laat haters haten,
Wat God mi gunt, moet elk mi laten.

In Dornum ist dieser Gedanke 1698 noch lapidarer gefaßt:

Neid ist mir lieber als Mitleid.

Könnte man solche hochgemuten Devisen als Interpretation zu stolzem Besitz – auch zu den Goldtrachten – noch gelten lassen, so wird die Sache bedenklicher, wenn Gewalttat oder Vergeltung sich geradezu stellvertretende Gerechtigkeit Gottes auf Erden anmaßen. In der mehr oder weniger legendären Geschichte der Häuptlingsdynastien spielte die „Quade Foelke", Witwe Okko tom Broks, eine hexenmäßige Rolle. Sie soll ihren Schwiegersohn bestimmt haben, die eigene Tochter umzubringen. Als dies geschehen war, habe sie den Schwiegersohn samt Vater hinrichten und ihre Burg Dornum schleifen lassen.

Der uns schon bekannte Edo Wiemken hatte seine Schwester dem Häuptling Hayo Hasken von Esenshamm verheiratet. Der hatte sie aber verstoßen. Als nun die Bremer den Edo Wiemken zu einem Fehdezug gegen Esenshamm anheuerten, bat sich der Häuptling seinen Schwager als persönliches Beutestück aus. Er nahm ihn gefangen, ließ ihn foltern und am Schluß mit einem Seil durchsägen.

Der Pastor und Astronom David Fabricius wurde 1617 von einem seiner Gemeindemitglieder mit einem Torfspaten erschlagen, nachdem er ihn seelsorgerisch zur Rede gestellt hatte, und auf einer Grabplatte des schönen Friedhofs zu Reepsholt, das soviele Fehden erlebt hat, steht zu lesen, daß ein Pastor 1914 in der Kirche ermordet wurde.

Solche und ähnliche Geschichten und Tatsachen von Selbsthilfe und Gewalt ließen sich beliebig vermehren. Sie erscheinen hier nicht um ihrer selbst willen, sondern als Beispiele, als Begleiterscheinungen im Wesenszuge, als Willküren eigenmächtigen Freiheitsmißbrauchs. Diese Geschichten laufen um. Sie halten insgeheim Verbindung zu den Untaten, die in den alten Sagas die Taten der Helden begleiten, und noch immer gibt das Moor Geheimnisse preis, deren dunkle Schicksale für alle Zeiten versunken und vergessen schienen.

KIRCHLICHE KUNST

Die Einführung des Christentums in Ostfriesland hat sich sehr zögernd zugetragen, gegen heftigen Widerstand, unterbrochen von vernichtenden Rückschlägen und erschwert durch die Tatsache, daß sie unter der Schutzmacht des vordringenden Frankenreiches das Kreuz schlug. Die ersten Missionare kamen aus Britannien. 677 war Wilfried von York in Friesland; doch blieb diesen reisenden Glaubensboten Erfolg von Dauer versagt. 696 wurde der Angelsachse Willibrord von Papst Sergius I. zum Erzbischof der Friesen ordiniert und Utrecht zum Bischofssitz bestimmt. Diese erste von dem Franken Pippin gewünschte Mission nahm ein vorzeitiges Ende, als die von den Franken besetzten Gebiete durch den Friesenkönig Radbod zurückerobert wurden. Die Holzkirchen gingen in Flammen auf, die Geistlichen mußten das Land verlassen. Um 734 hat Karl Martell das mittlere Friesland endgültig unterworfen. Mit dem Gewinn der Rheinmündungen und des gesamten friesischen Landes bis zur Lauwers, der Grenze des heutigen Groninger Landes, zog die fränkische Verwaltung ein, versuchte man das Kreuz aufs neue zu errichten. Die Gold- und Silberschätze in den friesischen Tempeln wurden von den Sendboten weggenommen. Etwa zwei Drittel der beschlagnahmten Schätze fielen dem Kaiser zu, der Rest verblieb der Kirche. Wenn man bedenkt, daß der Reichtum an Edelmetall der Stolz der Friesen war, wenn in den Berichten deutlich das schroffe Vorgehen der Missionare erkennbar wird, so erhält der Märtyrertod des greisen Bonifatius bei Dokkum in Westfriesland (754) eine Deutung, die ihn nicht so sehr als gemeine Mordtat, sondern als tragisches Ende in einer Situation erscheinen läßt, die zwischen staatlichem Imperialismus und der Idee der Mission ihren Standort hat.

Die Grundlage für die zukünftige kirchliche Ordnung, welche sich in die Diözesen Utrecht, Münster, Bremen und zum Teil Osnabrück teilte, hat Karl der Große gelegt; er bestimmte für den westlichen Teil den Friesen Ludger und für den Osten Willehad in Bremen als Missionsbischöfe. Noch einmal, zwischen 802 und 804, loderte ein Aufstand auf, Ludger mußte das Land verlassen, wiederum brannten die Kirchen. In dem 802 aufgezeichneten Friesenrecht stehen die heidnischen Tempel östlich der Lauwers, nicht die christlichen Kirchen unter dem Schutz des Gesetzes. Für die Zukunft aber entschied weniger das verkündete Wort als das praktische, das überzeugende Christentum. Von der Seine bis zur Elbe, in Italien wie in den Küstenländern des Nordens lastete die Unterdrückung durch die Normannen auf den seßhaften Stämmen. Bei der Abschüttelung dieses Joches lernten die Friesen erkennen, daß der Missionar nicht der unerwünschte Sendbote einer größeren gefürchteten Macht sein mußte, daß er vielmehr Bundesgenosse und Helfer sein konnte. 884 kam es in der Gegend von Norden zu einem Treffen zwischen Normannen und Friesen. Der Erzbischof Rimbert von Bremen stand den Friesen mit Wort und Beispiel bei: als Erinnerung und als Dank an den Sieg sollte nach der Überlieferung der Hügel, auf dem der hochangesehene Mann während der Schlacht gekniet hatte, mit immergrünem Rasen gekennzeichnet sein. Friesland wurde von Tributzahlung und Heeresfolge frei, als die Normannen gegen 900 an der Seine, an der Schelde und in England durch starke Aufgebote gebunden wurden. Die planmäßige Christianisierung konnte nun erfolgen, und das bedeutete nach fränkischem Recht, daß auf jede Hundertschaft (Grafschaft) eine Kirche kam. Damals wurden Kirchen gegründet in Wittmund, Stedesdorf, Ochtersum (Harlingerland), in Arle und Norden (Norderland), in Hinte, Groothusen, Emden, Leer, Hatzum und Weener (Emsigerland). Da in diesen zuerst errichteten Kirchen die geistliche Justiz des Sendgerichts zusammentrat, erhielten sie als Sendkirchen einen Vorrang. Die Mission folgte den Wasserwegen. Die noch um die Jahrtausendwende erwähnten heiligen Haine wurden gefällt, aus dem Holz der Bäume Kirchen erbaut. Um das Jahr 1000 gab es in dem zum Bremer Sprengel gehörenden Teil Ostfrieslands zwischen 20 und 30 Kirchen, um 1420 hat man in der gesamten Grafschaft 160 gezählt.

In Leer kann man, wenigstens andeutungsweise, den Spuren dieser frühen Kirchengründungen nachgehen. Die Krypta auf dem reformierten Friedhof ist um 1200 gebaut. Aber sie hat Vorgänger gehabt, wenngleich Grabungen keine Anhaltspunkte dafür ergeben haben, daß die dem hl. Ludger gewidmete hölzerne Sendkirche an der gleichen Stelle errichtet war. Die einmalige Anlage mit zwei Apsiden gibt Rätsel auf. Die Unterkirche liegt auf einer künstlichen Schüttung, die nach Keramikfunden im 7. bis 8. Jahrhundert aufgetragen worden ist, also *bevor* Ludger die Kirche begründete. In Verbindung mit dem benachbarten Plytenberg in Leer kann demnach erschlossen werden, daß die Kirchhügel der christlichen Gründerzeit an landschaftlich hervorragenden Punkten lagen, die bereits den heidnischen Friesen als Kult- oder Versammlungsplätze gedient haben dürften.

983 wird in Reepsholt das erste Kloster gegründet. Insgesamt hat es bis zur Reformation in Ostfriesland 28 Klöster der verschiedensten Observanz gegeben. Sie sind samt und sonders verschwunden. Ein Altar aus dem Zisterzienserkloster Ihlow hält die Erinnerung an sie wach. Allein Granitblöcke oder zerriebene Backsteine weisen den Ort nach, wo einst Klöster standen, sofern sie nicht in der Ems, im Jadebusen oder im Dollart versunken sind. Solche Funde geben einen Anhalt, daß die Orden Handwerker mit in das Land gebracht haben, die sich auf das Bauen in dauerhaften Techniken verstanden. Granit, Tuff und Backstein sind die Baustoffe, die für die Kirchen in Ostfriesland verwendet wurden. Alle drei gemeinsam dürften nur innerhalb des knappen Zeitraumes von fünf Jahrzehnten aufgetreten sein. Chronologisch und geographisch ergeben sich bestimmte Verbreitungsgebiete.

Die Verwendung des Granits deckt sich ziemlich genau mit dem Verlauf der Westgrenze der Bremer Diözese, und dieser wiederum folgt etwa der Geest, in welcher Granitfindlinge als Ablagerungen eiszeitlicher Gletscher aus Skandinavien vorkommen. Seit der Steinzeit sind diese gewaltigen Blöcke zu Grabsetzungen verwendet worden – in unserem Gebiet liegt die bekannteste bei Tannenhausen nördlich von Aurich –, kein Wunder darum, daß man bei dem Übergang vom Holzkirchenbau zu dauerhaftem Material auf die natürlichen Bodenfunde an Ort und Stelle zurückgriff. Gemeint ist hier nicht die Verlegung der unbehauenen Steine zu Fundamenten, wie sie bis heute für den Haus- und Stallbau üblich ist. Gemeint ist das aufgehende Steinwerk, das sich in plangeschliffenen Flächen darbietet. Von ihnen geht eine Wirkung von hohem Reiz aus, da die verschiedenartige mineralische Zusammensetzung an Inkrustationen erinnert. Im Unterschiede zu den Feldsteinkirchen des nördlichen Europa, bei denen die grob behauenen Findlinge unregelmäßig und buckelig geschichtet sind, zeigen die ostfriesischen Granitquaderkirchen eine Schalenbauweise: die Steine sind gespalten und zur Fassade hin als

Platten geflächt; die nach innen gekehrten Buckel mußten aufgeschüttet und vermörtelt werden. Die massive Schichtung der gewaltigen Lasten täuscht über die relativ geringe Druckfestigkeit der cyklopischen Mauern hinweg. Die Bindung war zu gering; der seitliche Schub auf den Aufschüttungen der weichen Wurten ließ die Wände aus der Senkrechten ausweichen, gewaltige Zuganker, die in der berühmtesten Kirche dieses Typs, in Sillenstede im Jeverland, zu fast spielerischen Bauornamenten entwickelt wurden, halten mit eiserner Kraft die Gesteinsmassen zusammen. Die Entstehung der Granitquaderkirchen kann in die Zeit um 1150–1170 gesetzt werden. In Ostfriesland vertreten die Kirchen in Marx, in Middels-Osterloog und in Buttforde diesen Typ. Doch erkennt man an vielen Kirchen, wie nacheinander verschiedenartiges Material verwendet wurde, wie Schäden ausgeflickt und bei fortdauerndem Verfall die Reste abgerissen und neuaufgebaut wurden. Ob nun in Marschenorten Granit nicht zur Verfügung stand, ob statische Schwierigkeiten den Ausschlag gegeben haben: Tatsache ist, daß in der Zeit bis etwa 1250 nun Kirchen aus Tuffstein errichtet werden. Man findet solche Tuffkirchen in Stedesdorf, Arle, Nesse, Groothusen, Larrelt und Rysum, alles Hafenplätze – wenigstens zur Zeit der Erbauung –, wohin der im Nettetal der Eifel gebrochene Stein über die Stapelplätze in Utrecht und Deventer leicht angelandet werden konnte. Die berühmteste Tuffkirche war die von Balthasar von Esens niedergebrannte St. Andreaskirche in Norden. Zweifellos bot der leicht zu bearbeitende Stein gegenüber dem Granit Vorteile, doch hält der schmutzig-stumpfe Ton keinen Vergleich mit dem Urgestein aus, und so bieten die nachweislich hochgeschätzten und für Reparaturen wiederverwendeten Tuffsteine zwar archäologisches Interesse aber keinen ästhetischen Reiz.

100, 22

Die Wertschätzung des importierten Natursteins ist darin begründet, daß der aus dem anstehenden Ton und Lehm gebrannte Backstein zunächst gering geachtet, als „Ersatzstoff" für den teuren Stein bei ansteigendem Bauvolumen im Verlauf des 13. und 14. Jahrhunderts sich durchsetzen mußte. Wahrscheinlich haben die Kolonisationsorden der Zisterzienser und Praemonstratenser dem im Verband exakt gemauerten Backstein zum Durchbruch verholfen. Die Zisterzienserabtei Hude im Oldenburgischen, die im 13. Jahrhundert gegründet wurde, bezeugt noch als Ruine den hohen Stand der Brenntechnik. Sie hat am Anfang des 14. Jahrhunderts nach Norden und Esens Dachpfannen geliefert. Zumeist sind die Steine der Dorfkirchen in Ziegeleien der Umgebung gebrannt worden. Die Qualität der Brände und der Verbände waren unterschiedlich. Man kann annehmen, daß Werkgruppen und Bauhütten wanderten. Die Dichte der manchmal auf Rufweite benachbarten Kirchen erklärt sich aus den schlechten Wegverhältnissen, durch welche Marschendörfer oft in inselartige Isolierung gezwungen wurden. Häufiger als durch Menschenhand sind solche Marschenkirchen durch die Gewalt der Fluten zu Ruinen geschlagen worden. Sie blieben liegen, weil das Dorf abwandern mußte oder nicht mehr in der Lage war, aufzubauen.

Andererseits war Grundlage jeder Siedlung – wollte sie nicht den Kirchzehnten an die benachbarte Pfarrei abführen –, daß der Priester an geweihtem Altar die Kindtaufe und die Leichenbestattung vornehmen konnte. So nimmt es nicht Wunder, daß bei blühendem Wohlstand und mit einer bereits vorhandenen kirchlichen Organisation der Steinbau einen Siegeszug antreten konnte, als vom Ende des 12. Jahrhunderts an in zunehmendem Maße geschulte Kräfte herangebildet waren. Diese Blütezeit des Kirchenbaues hielt bis zum Anfang des 14. Jahrhunderts an. Da gerieten die Häuptlinge aneinander. Nun brauchte man keine neuen Gotteshäuser mehr, man verschanzte sich in Burgen und festen Häusern. Vereinzelt werden Friedhöfe und Kirchen befestigt und verteidigt. Erst nach der Einigung unter den Cirksena beruhigt sich allmählich das Land. Bis zum Durchbruch der Reformation, die sich für die Kunst zum Teil verheerend auswirken sollte, entstehen noch einmal zahlreiche Kirchen von Rang. Die St. Ludgerikirche in Norden ist 58, 59 die bedeutendste Architektur, die Ostfriesland hervorgebracht hat.

Die Schönheit der ostfriesischen Kirchen ist ihre Einfachheit. Sie werden, von Menschenhand gestaltet, zu einem Teil der Landschaft, sind Krone der Wurten, eingegrünt von mächtigen Eichen oder Linden. Sie sind Landmarke und Seezeichen zugleich, weithin sichtbare Sinnbilder für die im Kampf mit See und Sturm auf sich gestellten Gemeinden. Insofern ist das Eigenkirchenrecht, das sich weitgehend frei weiß von der bischöflichen Oberhoheit, kennzeichnend für das Leben in den Kirchspielen, die meist identisch sind mit den politischen Gemeinden. Die Gemeinsamkeit der Bauernschaften und der Geistlichkeit kam insbesondere in den Deichverbänden zum Ausdruck. Die urige Kraft, die den Kirchen Stil und Gestalt aufprägt, bedient sich eines Reduktionsstils. Das besagt, daß Formen des „hohen" Stils sich dem gemauerten Verband anzupassen hatten. Solche „reduzierten" Formen verkümmern gewiß manchmal, aber sie werden ebenso oft, wenn die Strenge zum Stilprinzip wird, zu einer Monumentalität gesteigert, die ihresgleichen sucht. Die ostfriesischen Kirchen bevorzugen den Einraum, der flach gedeckt oder gewölbt, mit Apsis oder gerade geschlossenem Chor in der Regel von Norden oder Süden betreten wird, sich also dem Besucher als Breitraum öffnet. Dieser Saal-Eindruck, dem die Orientierung fehlt, das heißt die Ausrichtung auf den im Osten gelegenen Chor vermissen läßt, wird durch Purifizierung der Einrichtung in der nachreformatorischen Zeit noch unterstrichen. Insbesondere in den reformierten Kirchen steht der Altar nicht im Chor, sondern an der Breitwand gegenüber der Kanzel, oder der schlichte Tisch fehlt auch völlig. Die Einraumkirche ist aus statischen Gründen nur natürlich. Es war auf jeden Fall sicherer, das abgesteckte Rechteck über Findlingsfundamenten orthogonal zu ummauern als eine Anlage mit Querschiff (Kreuzanlage) und Chorapsis mit ihrem schwierigen Schub und Druck zu riskieren. Die Zukunft sollte solcher Reduktion recht geben. Zahlreich sind die Beispiele, wo die Außenmauern nachgegeben haben und man gezwungen war, die eingezogenen Gewölbe abzuschlagen und eine leichtere Balken- oder Tonnendecke einzuziehen. Strebebögen und -pfeiler trifft man in Ostfriesland nur ausnahmsweise an. Auch da kann man beobachten, daß Risse und Verdrückungen den Bau nach wie vor gefährden. Die Behelfsdecken sind ästhetisch recht fragwürdig. Sie fügen sich entweder unaufdringlich dem Reduktionsstil der glatten Wände ein, aus denen dann seltsam unvermittelt die Dienste mit den abgeschlagenen Rippenansätzen vorspringen, oder aber die schwere Hand des 19. Jahrhunderts legt sich lastend auf den klaren architektonischen Aufriß, nicht zuletzt durch dunkle Farbgebung. Die neueren Wiederherstellungen halten die Mitte zwischen behutsamer Unterstreichung des ursprünglichen Bauzustandes und einer Tendenz, die sich an Farbigkeit und Unruhe der Oberfläche zuviel des Auffälligen einfallen läßt.

Kehren wir zu der Betrachtung des Reduktionsstils zurück. Die ostfriesischen Kirchen übernehmen den Gedanken des Campanile, das heißt: die Glocken werden in einen

Campen, Grundriß und Längsschnitt. Nach Dellemann

Glockenstuhl eingehängt, der losgelöst vom Baukörper des Schiffes abseits steht. Auch hier könnte es Verbindungen zu italienischen Klöstern geben, auch hier ist die Errichtung der Türme auf dem schwierigen Baugrund, was auch in Italien mitgespielt hat, ein Motiv. Die Form ist unterschiedlich; ein- oder zweistöckig, häufig mit einem Satteldach versehen, bildet der Glockenturm in seiner gedrungen-massiven oder von Schallöffnungen durchbrochenen Gestalt einen Nebenakzent zum Kirchenschiff. Dieser unterscheidet sich durchaus von den italienischen Anlagen, welche den zylindrischen oder quaderförmigen Campanile steil aufschießen lassen, so daß Gruppierungen entstehen, die geradezu den Vergleich mit Minaretten herausfordern. Nur selten gewinnt der Glockenturm eigenständige architektonische Bedeutung, wie der durch Blenden ausgezeichnete Turm der St. Ludgerikirche zu Norden oder die durch eine welsche Haube reizvoll gestaltete „Teebüchse" der Dorfkirche in Riepe. In der Regel wurde also das Kirchenschiff ohne Turm konzipiert, es sei denn, es wurde an einen bereits stehenden Turm angebunden oder ein Westturm später hinzugefügt. Die einzige Ausnahme ist die Pfarrkirche von Eilsum, deren mächtiger Ostturm, das Satteldach quer zur Achse des Kirchendaches gestellt, sich über einer halbrunden Apsis erhebt. Um ein Stockwerk höher, die Dachneigung parallel zum Kirchendach, ist der Westturm in Hage emporgeführt. In den Proportionen und in der Gestalt ist er trefflich auf den älteren Bestand eingestimmt, so daß eine „Kirchenburg" entstanden ist, deren geistlicher Herrschaftsanspruch in der Größe der Anlage und dem Zusammenklang der Baukörper zum Ausdruck kommt.

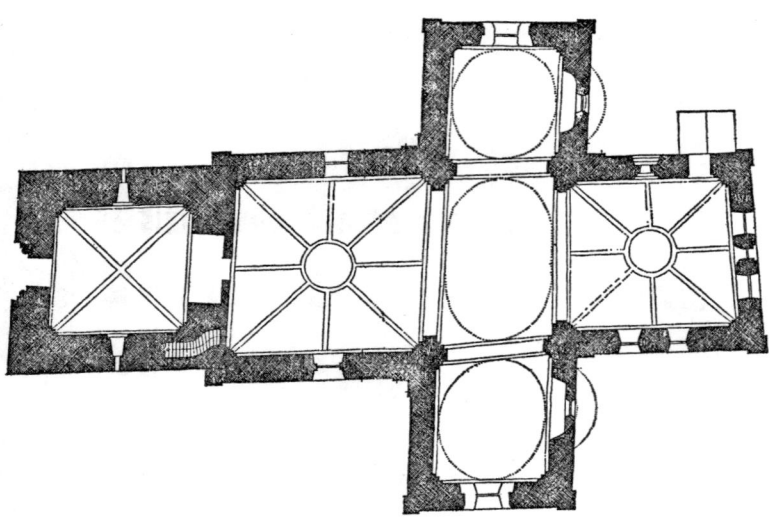

Stapelmoor, Grundriß. Nach Rotermund

22   In Groothusen steht der später gebaute Turm, wie in Eilsum, im Osten. In der Richtung auf das Meer krönt er die Warf und galt als Seezeichen. In Suurhusen kann man ermessen, mit welchen Opfern solche kühnen Unternehmen erkauft wurden. Der gewaltige Westturm von drei Geschossen steht windschief vor der Kirche, die man, um Platz für einen Turm zu gewinnen, um fast ein Viertel verkürzt hat. Die Bodenverhältnisse sind bis heute unsicher geblieben: der um 1,20 m aus dem Lot gewichene Turm steht nicht mehr im Verband mit dem gleichfalls verzogenen Schiff. Entgegen der immer noch
124 stattlichen Längsachse dieser Kirchen ist Stapelmoor durch die Kürze der kreuzförmig sich durchdringenden Achsen bemerkenswert. Der nahezu quadratische Westturm steht auf schmalerem Grundriß als die übrige Kirche. Dadurch wirkt die Anlage „gruppiert".
Textb. S. 24 Die zentrierende Kraft ist stärker als die Längsachse, die der Grundriß ausweist. In dieser Hinsicht wird die Kirche von Stapelmoor nur noch von der herrlichen Gruppe
32   der reformierten Kirche in Pilsum übertroffen. Nicht nur, daß hier die Formensprache reicher ist durch den romanischen Chor und das ausladende Querschiff, dessen gerauteter Giebel wirkungsvoll von der Lisenengliederung des Langhauses absticht: das alles überragende Zentrum der Kirche ist der wie ein Bergfried mächtige Vierungsturm. Es kann hier beiseite bleiben, ob und wann der gotisch verzierte Turm der einschiffigen Kreuzkirche „aufgezwungen" worden ist: für die Gesinnung, welche diese ostfriesischen Kirchen trägt, ist die herrscherliche, fast gewaltsame Kraft formentscheidend, die aus der Ferne der
30, 31 Landschaft betrachtet gar nicht mehr die Konstruktion als Vierungsturm, nur noch die Auftürmung zwischen Himmel und Erde bewußt macht.

Solche Feststellungen sind wichtig, weil die Maße und Massen einiger Kirchen von Bedeutung durch schwere Eingriffe verstümmelt worden sind. Erweckt bereits die
55   Kirche von Osteel den Verdacht einer gewissen „besänftigten" Urbanität, die daher rührt, daß der Turm nicht mehr die alte Höhe und die Kirche Chor und Querschiff

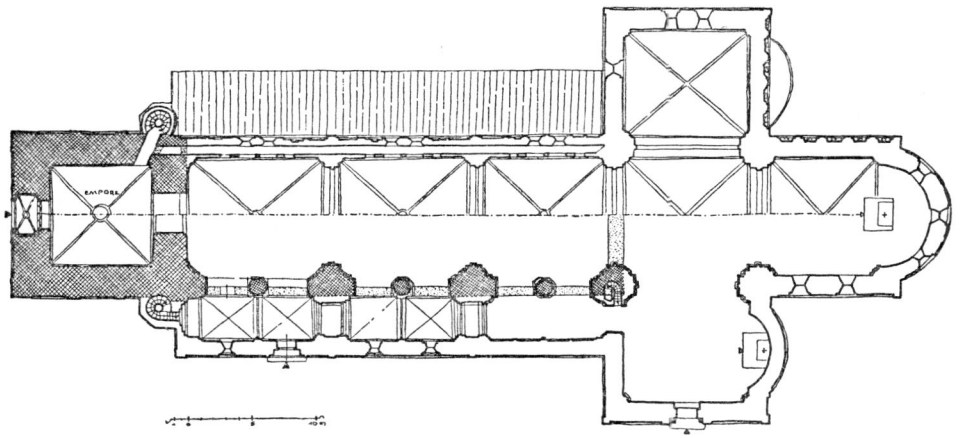

Marienhafe, Grundriß. Rekonstruktion von Neumann

eingebüßt hat, so ist das Schicksal von St. Marien in Marienhafe noch weit tragischer. Als Basilika mit Querschiff, rechteckigem Chor, Apsis und Querschiffapsiden hebt sich der Dom von der gesamten kirchlichen Architektur des Landes ab. Die drei quadratischen Joche des Langhauses waren der ausgeschiedenen Vierung in gebundenem System zugeordnet. In allen Teilen war die Basilika gewölbt, und zwar mit kuppligen Kreuzrippengewölben, sogenannten Domikalgewölben. Die Seitenschiffe trugen Kreuzgratgewölbe. Der westliche Einturm entsprach den Maßen der Traveen. 1459 hatte ihn Ulrich I. erhöht. Er war also um zwei Stock höher als der heutige, noch immer imposante Stumpf. Was sich heute im Inneren darbietet, ist das Mittelschiff der einstigen Basilika.

Die Beschreibung des ursprünglichen Zustandes und die Betrachtung des rekonstruierten Grundrisses ergibt, daß in Marienhafe kein „reduzierter" ostfriesischer Kirchentyp vorliegt, sondern ein voll ausgebauter Dom, der mit den Hütten der Dome zu Osnabrück und Münster in Verbindung stand. Alle erwähnten räumlichen Eigenarten, die Gewölbe- und Körperformen entsprachen der westfälischen Bautradition. Mit Marienhafe verwandt sind die im Brokmerlande gelegenen Kirchen Engerhafe, Osteel, Victorbur.

Es wurde schon darauf hingewiesen, daß das Brokmerland seit dem Ende des 12. Jahrhunderts neubesiedelt worden ist. Das geschah in zwei Schüben, duch den Einsatz von Siedlern, die durch Meereseinbrüche von ihren alten Höfen vertrieben waren. An der Organisation dieser Besiedlung ist der Bischof von Münster beteiligt, dem damals friesischer Besitz verkauft wurde. Von daher findet der Einzug einer westfälischen Hütte in das Brokmerland hinreichende Erklärung. Der Landesherr hatte in Marienhafe ein Monument der Macht inmitten des Neulandes errichten wollen. Die Kirchspiele stellten Land bereit und Stiftungen. Aber schon während des großen Werkes kam es zu schweren Auseinandersetzungen mit dem Dekan und den Pröpsten. Die internen Konflikte sind in zwei Sühneverträgen von 1251 und 1276 erkennbar, die gleichsam die

Geschichte des Domes von Marienhafe begleiten. Während in dem ersten Vertrag die Überlegenheit des Bischofs deutlich ist, wird 1276 den Friesen manches zugestanden, zum Beispiel ihr ungehinderter Handel nach Westfalen und Niedersachsen.

Über die weiteren Schicksale der Kirche sind wir nur dürftig unterrichtet. Im 14. Jahrhundert ist von einem Brand die Rede; Abbruchmaterial aus der untergegangenen Kirche von Westeel wird zur Verfügung gestellt. Wie hat sich die Besetzung der Kirche durch die Likedeeler, deren Verfolgung und Untergang auf den Bauzustand ausgewirkt? Am 21. August 1819 stürzten bei stillem Wetter die Gewölbe des Chores ein. Die Zeiten waren nicht danach, solchem Verfall entgegenzuwirken. 1829 folgten weitere Abbrüche, 1833 ist der Turm abgetragen worden.

Mit Marienhafe teilen Engerhafe und Osteel das Schicksal einschneidender Veränderungen. Osteel war eine einschiffige Kreuzkirche; Engerhafe, dessen 1965 begonnene Wiederherstellung abgeschlossen ist, war ein Apsissaal von 60 Meter Länge, über dem sich fünf Gewölbejoche schlossen. Alle drei dem 13. Jahrhundert angehörenden Innenräume hatten einen zweischaligen Aufriß, ein Umgang führte durch die Wandpfeiler, eine begehbare Durchhöhlung, wie sie auch in den Chören der rheiderländischen Kirchen in Bunde und Stapelmoor begegnen. Charakteristische Stilmerkmale des 13. bis 14. Jahrhunderts sind ein strenger Rundbogenfries zwischen nur angedeuteten Lisenen, ebenso Rundbogenstellungen, zum Teil in doppelter Reihung, an den Außenseiten. Die Außenfront von Hage zeichnet sich duch ein kräftig schattendes Profil aus, dadurch, daß Rundstäbe die hochgesetzten Fenster markieren und gekreuzte Bögen als Fries durchlaufen. Schließlich betrachte man die Bilder 124 (Stapelmoor), 32 (Pilsum), 49 (Grimersum) und 125 (Bunde) nacheinander, um die Varianten des Giebelzierates abzulesen. Er setzt mit einer getreppten Profilierung ein und endet mit waffel- und rautenförmigen Mustern, die das Giebeldreieck ausfüllen, wobei in Bunde die Reihung in der Fensterzone dadurch noch besonders artikuliert wird, daß die mittleren Glasfenster durch zwei größere Blendnischen flankiert sind, deren Mauerung im Flechtbandmuster steht, während in Grimersum der rhythmische Wechsel zwischen den Fenstern und Nischen besticht.

Die Körperformen der Innenräume, obwohl gerade sie duch Abschlagen der Rippen und durch sonstige Eingriffe am schwersten betroffen waren, haben eine ähnliche Entwicklung durchlaufen. In Pilsum und in Eilsum kommt die westfälische Gewölbeform mit den tief heruntergezogenen Gewölbeansätzen und dem achtteiligen Kuppelgewölbe gut zum Ausdruck. Die für Westfalen typische Halle fehlt im Lande. Das mag technische Gründe haben, kann aber auch aus dem Raumgefühl erklärt werden, das deutlich den nicht orientierten Einraum bevorzugt. Erläutert wird dieses Raumgefühl durch die aus drei Jochen bestehende Einraumkirche von Campen, die durch einen unvergleichlichen Reichtum aus plastischen und malerischen Elementen in der kuppligen Gewölbezone einen sich durchdringenden plastischen Raum erzeugt, der den Vergleich mit dem Raumerlebnis einer Halle nahelegt. Die in den letzten Jahren zurückgewonnene Ausmalung in Eilsum, ein Weltenrichter mit den vier Evangelistensymbolen und eine architektonisch strenge Gewölbemalerei, macht, ohne störende Eingriffe historisierender Art, die kongeniale Einstimmung der Erbauerzeit sichtbar.

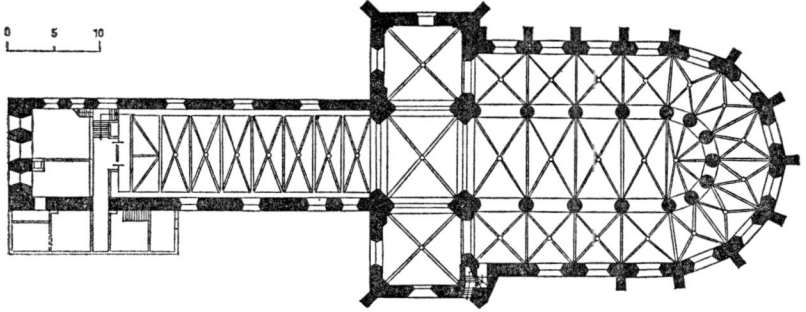

Norden, St. Ludgeri, Grundriß

Die inmitten der grünen Insel des Marktplatzes aufragende bewegte Baugruppe von St. Ludgeri in Norden vermittelt den Geist einer Urbanität, der kaum etwas gemein hat mit den Dorfkirchen im Lande. Mag sein, daß das flachgedeckte Langhaus noch aus der Tradition der ostfriesischen Kirchen entstanden ist; mit dem Patronat des Grafen Ulrich I. ist der Geist des *ganzen* Friesland in die Baugeschichte der hochgemuten Kirche eingegangen. Der Gedanke des Hochchores, dessen Umgang mit sechs Seiten des Zwölfeckes schließt, die auf die Mittelachse treffende Rundsäule, die dreifache Gliederung des Aufrisses schließen sich dem Chor der Martinikirche in Groningen an, der im Jahre 1460 geweiht worden ist. Auch im Umgang mit seinen kühnen Durchblicken, bei den fein geschnittenen Profilen ist die Verbindung zu den Bauten des benachbarten Holland gegeben. Allerdings mit einem recht wesentlichen Unterschied: die Verhältnisse in Groningen sind steiler, gestelzter, fast ist man versucht zu sagen: beklemmender. Der Blick aus den quadratischen Traveen des Querhauses gibt zwar die lichte Höhe des Chores frei, doch bleibt ein körperhaftes Bewußtsein menschlichen Maßes gegenwärtig, und in solcher „erdhaften" Gedrungenheit mag selbst in St. Ludgeri der stetige Faktor der ostfriesischen Reduktion tätig geblieben sein. Die Bedeutung des Grafenchores wird noch unterstrichen dadurch, daß er in den Jahren 1464–1481 in der Nachbarschaft der einstigen St. Andreaskirche errichtet wurde, deren bedeutsame westfälische Baugeschichte aus zwei Zeichnungen nach der Ruine aus dem Jahre 1618 erschlossen werden konnte. So wurde nun der Geist des neuen Friesland der Tradition aus der Verbindung zum Bistum Münster gegenübergestellt. Glücklicherweise sind wenigstens Reste erhalten, die diesen Gedanken stützen, Werke der Bildhauerkunst, die ihrerseits die Brücke nach St. Marien in Marienhafe schlagen. Im Chorumgang von St. Ludgeri sind acht Bildwerke unterschiedlichen Stils und unterschiedlicher Erhaltung aufgestellt, von denen eine Verkündigungsmaria gefangennimmt durch lyrische Verhaltenheit, durch klassische Gewandform, die der an den Körper zurückgenommenen Gebärde entspricht. Die säulenhafte Strenge der überschlanken Gestalt empfängt ihren ritterlichen Adel aus dem Formenschatz der französischen Kathedralplastik von Chartres bis Reims. Nach Material und Zeit ist die Verkündigungsgruppe, die ursprünglich in einer Vorhalle der St. Andreaskirche gestanden haben dürfte, einem Zyklus von Bildwerken verwandt, der für Marienhafe geschaffen worden ist. Der Vergleich von zwei Statuen verdeutlicht, wie

Marienhafe, Tierfabelfries

53 nahezu identisch das Motiv der an die Brust gelegten Hände ist, deren eine ein Buch an den Unterarm lehnt, wie unendlich weit dagegen die formale Lösung auseinanderliegt. Bäuerliche westfälische Kraft, gedrungen im Wuchs, derb in den Details steht gegen empfindsamen Adel, der das Bildwerk in Norden zeitlose Größe atmen läßt. Hier ist ein Meister am Werke gewesen, der auch dem (torsohaften) Engel eine „bewegte" Gebärde des Grußes mitgeteilt hat, die ihn heraushebt aus dem Durchschnitt dieser betriebsamen Werkstatt.

In Marienhafe wurden 1823 noch 48 Bildwerke gezählt, die am Querschiff und an der Ostseite des Chores aufgestellt waren. Hinzu kommt ein höchst merkwürdiger Fries, der sich unter den Dachgesimsen des Langhauses in Reliefs auf Sandsteinplatten hinzog. Schon Ubbo Emmius, der den Fries beschreibt, sah ihn sehr verwittert. Diese Ver-
52 witterung hat die Drachen und Drolerien in ihrer surrealen Gespenstigkeit noch gesteigert, aber die nachzeichnende Rekonstruktion gibt einen Inhalt wieder, der seinesgleichen sucht. In 127 Einzelbildern aus rotem und gelbem Sandstein waren Szenen aus den Tierepen des 13. Jahrhunderts plastisch gestaltet, unter denen man zum Beispiel das
Textb. S. 28 Begräbnis des scheintoten Fuchses aus dem Reineke-Vos-Epos erkennt. In die Reiterkämpfe greifen gute Helfer (Engelsköpfe mit Flügeln), aber auch Kobolde ein, welche von hinten den kämpfenden Reiter zu Fall bringen. Centauren und mancherlei dämonische Zwischenwesen kommen mehr dekorativ vor oder treten als handelnde Personen auf. Es gibt Jagdszenen, in denen ein Bogenschütze auf den von einem Hund gestellten Hirsch anlegt. So etwas ist „realistisch" dargestellt, doch überwiegt die Allegorie, die Satire, die Lehre in dem Sinne, daß die Kämpfe um Gut und Böse, Laster und

Marienhafe, Tierfabelfries

Tugend durch „reine" und „unreine" Tiere, durch Dämonen und Fabelwesen interpretiert sind. Typisch dafür ist etwa das vielfüßige Ungeheuer, das einem „frommen" Tier ins Genick beißt, oder die tafelnden Affen, denen von Füchsen aufgewartet wird. Ein Affe läutet die Glocke, während Füchse im Chorrock die Messe lesen und das Credo singen. Ein Schwein, Krone und Szepter tragend, geht in der Prozession. „Schweinsleben führen wir, Affenspiel treiben wir, und Schafkleider tragen wir", erklärt ein älterer Kommentar dazu.

Wenn hier also verfängliche Spottgestalten und drastische Allegorien in aller Öffentlichkeit vorgeführt werden, wie sie sonst nur in Bilderhandschriften oder an den Misericordien der Chorgestühle ein verschwiegenes Dasein führen, so liegt die Vermutung nahe, daß der die Geistlichkeit verspottende Bildzyklus in Verbindung mit den 1271 und 1276 besiegelten Streitigkeiten zwischen Bischof Gerhard von Münster und den Brokmännern entstanden ist.

Ikonographisch dürfte hier – wie bei dem Verkündigungsmeister stilistisch – eine Verbindung zu Frankreich gegeben sein. Sie wird gestützt durch den Handel, den die Friesen mit Frankreich trieben, gestützt auch durch die Nachricht, daß 1264 König Ludwig der Heilige die ersten Dominikaner nach Norden entsandte, die sich am heutigen Fräuleinshof ein Kloster bauten. Eine Gruppe von granitenen Taufsteinen aus dem 12. Jahrhundert wird nach Namur lokalisiert. Daß gelegentlich auch später Importstücke von dort nach Ostfriesland gelangten, läßt eine gravierte Taufe von 1422 in Larrelt erkennen, die eine französische Inschrift trägt.

In Larrelt befindet sich auch ein Bogenfeld, das eine Art Inkunabel der Baumeister- und Künstlerbildnisse ist. „Bildnis" im neuzeitlichen Sinne ist es allerdings nicht. Die Auflösung gibt die Inschrift, nicht das Porträt. Sie spricht von dem Werkmeister Ludbrud und dem Bildhauer Menulfus. Der Stifter ist frontal dargestellt, rechts von ihm erscheint der Bildhauer. Ippo, der greise Priester, hat das Schwert an den Nagel gehängt und schenkt der Gemeinde das Kirchentor. Der mit dem Werk beauftragte Menulfus antwortet: „Ippo hat sich nicht kleinlich erwiesen. Mir, dem Künstler, gab er reichlich."

In der Darstellung des ebenso geheimnisvollen wie einzigartigen Reliefs mündet Ende des 12. Jahrhunderts etwas von germanischem Opferbrauch in den kirchlichen Kult ein. Dem entspricht der primitive Stil, der in Übereinstimmung mit vergleichbaren jütländischen und skandinavischen Tauf- und Bildsteinen unplastisch ist, und dessen Bildsprache Wörter aus der spätottonischen Überlieferung beibehält. Schließlich beweist das Relief die „Selbstherrlichkeit" des friesischen Kirchenwesens, wenn ein reicher Friese, der an einem Kriegszug erfolgreich teilgenommen hatte, eine Kirche stiftet und die Werkmeister gut belohnt. Da Schwert und Kreuz beieinander sind, darf in der Person Ippos ein Schwertpriester vermutet werden, der mit dem Schwert umgürtet missioniert hatte, im Norden, gegen die Wenden oder auf einem Kreuzzug.

Die sonstige Produktion an Steinbildwerken beschränkt sich in Ostfriesland auf Steinsargdeckel und auf Taufsteine. Die mit geistlichen Zeichen verzierten Sargdeckel, in rotem Sandstein (wie das Bogenfeld in Larrelt) oder in hellem westfälischen Sandstein hergestellt, sind längs der gesamten Nordseeküste vom 11. bis 13. Jahrhundert importiert worden. Die Taufen, wie sie die Beispiele aus Marienhafe und Hatzum vorführen, sind aus Bentheimer oder Baumberger Sandstein. Aus diesem Materialunterschied ist der Schluß kaum zulässig, sie als einheimische oder als eingeführte Steinmetzarbeit zu erklären. Die Verbreitung dieser tüchtigen Arbeiten, deren es zum Beispiel in Hage, Petkum und Suurhusen Varianten gibt, geht Hand in Hand mit der Wanderung der westfälischen Hütten, die nach Ostfriesland gerufen wurden. Die Taufe in Nesse hebt sich als Bildhauerarbeit von Rang hervor und ist so etwas wie eine Leitform, vergleicht man sie mit verwandten Arbeiten, die sich zum Teil auch später besonderer Achtung erfreuen, wie die Taufe in Sillenstede, die 1594 nachgearbeitet worden ist. In Nesse hat die Bildhauerarbeit auch in den dekorativen Partien, die in der Verschlingung der Fabeltiere, in dem gezirkelten Blattwerk und in den geflügelten Drolerien, welche die Zwickel füllen, zu eigenem plastischen Leben erweckt sind, den Vorrang. Die Verkündigung, die Taufe Christi und Maria mit dem Kinde, die von einem König verehrt wird, ist zwischen schlanken korinthischen Säulen in Rund- und Dreipaßbögen eingestellt. Die Reife des staufischen Stils – um 1250 – spricht aus der Lösung, wie die Frontalität der Thronenden und die Statuarik des Engels in die Ordnung der Bogenstellung eingefügt ist, wie aber die Intensität des Blickes und die dramatische Geste die architektonische Bindung sprengen, ohne daß die gelassene Harmonie der Komposition beeinträchtigt wäre.

In einer Urkunde vom 27. Mai 1439 gestattet der Graf von Holland dem „Prior des Dominikanerklosters zu Norden, ... einen Teil des Chorgestühls – bestimmt für den Chor seiner Klosterkirche zu Norden..., das er in der Stadt Utrecht hat anfertigen lassen..., sicher durch Holland mit zwei Binnenschiffen nach Norden zu verfrachten". Dieser 1959 aus dem Reichsarchiv in Den Haag mitgeteilte Schutzbrief erhellt, wie der Im- und Export von kirchlichem Gerät während des 15. Jahrhunderts praktiziert worden ist. Auf ähnliche Weise wird man sich die Einfuhr des Zweisitzes von 1481 in Norden und etwas später des Dreisitzes in Hage vorzustellen haben. Der Stuhl in Norden ist im Zusammenhang mit dem Chorgestühl insgesamt zu sehen, dessen Grafenstuhl durch das Wappen der Cirksena ausgezeichnet ist.

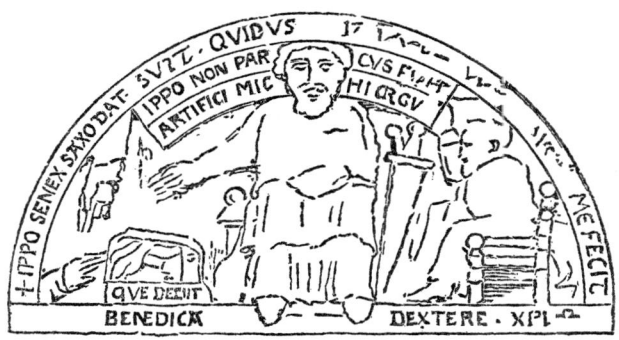

Larrelt. Bogenfeld

Der aus dem Zisterzienserkloster Ihlow stammende Altar in der St. Lambertikirche zu Aurich ist durch das mehrfach wiederkehrende Zunftzeichen einer eingebrannten Hand in seinen plastischen Teilen für die Antwerpener Lukasgilde gesichert. Angeblich hat der Konvent das Werk vor 1517 bestellt. Der Aufbau des Gehäuses und die Ausarbeitung der vielfigurigen Szenerie entsprechen dem serienmäßig für den Export arbeitenden Betrieb der flandrischen Werkstätten, deren Gütezeichen nicht durch die persönliche Signatur eines Meisters, sondern durch die Beschau der zuständigen Gilde ausgestellt ist. Auch die Tafelbilder zeigen die Perfektion einer kollektiven Werkstatt, ohne eine besondere persönliche Handschrift zu kultivieren. Da der Altar vollständig erhalten ist, tritt sein Charakter als „Wandelaltar" eindrucksvoll hervor, sowohl was die gestaffelte Ordnung im Aufbau als auch die Verteilung auf das Schnitz- und Malwerk anbetrifft.

Der Passionsaltar in Hage, der mit einem geringeren in Arle verwandt ist, hat zwar die Flügelbilder nur noch in den Rahmen, besticht aber durch die wirkungsvolle Gesamtansicht als Baldachinaltar. Im Unterschied zum bekrönenden Gesprenge des üblichen Altaraufbaues schließt sich über dem Schrein ein das Himmelszelt vertretender Baldachin, den ein durchbrochener Fries filigranartig säumt. Der Typus scheint in Ostfriesland verbreitet gewesen zu sein; er wird bis zum 17. Jahrhundert unverändert beibehalten, auch bei Wiederherstellungen im 19. Jahrhundert respektiert. Die beiden weiteren Altäre, die im Bilde vorgeführt werden, sind weniger gut erhalten. Der Altar von Loquard trägt in der Art der Passionsspiele, ohne besonders kunstreich im Kompositionsprinzip zu sein, die Szenerie lebhaft, suggestiv, mit gut getroffenen Volkstypen vor. Man wird die Werkstatt am Niederrhein, im Einzugsgebiet der Schule von Kalkar, suchen dürfen.

Noch weniger ist vom Holtgaster Altar erhalten, der seit 1929 im Rheiderländer Heimatmuseum in Weener verwahrt wird. Die Qualität der zum Teil noch gefaßten Schnitzerei der den Zug nach Golgatha begleitenden Bürger, der zwischen Maria und der Hl. Veronika trauernd verharrenden, jugendlich reizvollen Maria-Magdalena spricht für sich. Mit der Sachkunde eines Rüstmeisters führt der Schnitzer modische Landsknechte in das Gewoge des Zuges ein, als erfahrener Regisseur weiß er die Reaktion auf

das Geschehen in den Gesichtern zu spiegeln. Angesichts dieses aus den südlichen Niederlanden um 1520 eingeführten Altars versteht man die strengen westfälischen Gildevorschriften, die es ihren Mitgliedern zur Pflicht machten, mindestens zwei Jahre in der Fremde bei guten Meistern zu arbeiten: der Weg führte zumeist in die südlichen
98, 99 Niederlande. Eine Reihe von Einzelfiguren, die aus ihrem alten Verband herausgelöst sind, bestätigen die landschaftliche Herkunft aus Westfalen, vom Niederrhein und aus den Niederlanden.

Dieser Wegweiser erklärt, daß der Bremer Kunstkreis, soweit dies die erhalten gebliebenen Werke ausweisen, im ostfriesischen Raum kaum wirksam geworden ist – mit der einen Ausnahme der zahlreich vertretenen bronzenen Taufkessel. Sie stammen ausnahmslos aus der fruchtbaren Werkstatt, die Ghert Klinghe um 1400 bis 1471 im Dienste des Bremer Erzbischofs geleitet und seiner Familie als blühendes Unternehmen hinterlassen hat. Die Fünten sind regelmäßig signiert und datiert. Ghert Klinghe
25, 34 treffen wir in Groothusen (1454), Hinrich Klinghe in Pilsum (1469), Esens und Uttum (1474), Barthold Klinghe in Eilsum (1472) und Canum (1506) an, schließlich einen Glockengießer Peter, der sich auf einer Taufe von 1496 in Wiegboldsbur nennt. Wie beliebt der immer wieder variierte Typus im Lande war, verdeutlicht die Taufe in Engerhafe, die das Datum 1640 trägt und kaum von ihrer Vorgängerin abweicht, welche die Mansfelder Plünderer aus der Kirche entführt hatten. Ähnlich bewahrend hat man
95 sich in Esens verhalten, wo die ehrwürdige Taufe pietätvoll montiert wurde. Am bekanntesten ist Meister Ghert durch die große Maria-Gloriosa-Glocke des Bremer St.-Petri-Domes geworden, die 1433 gegossen wurde. Die Taufen sind der Glockengießertradition verhaftet, an deren Anfang die wohl schon in Bremen gegossene Taufe in der Ostkrypta des Domes (um 1220–1230) steht. In Ostfriesland haben wir Kunde von einer bleiernen Taufe in Siegelsum. Sie war 1317 von einem Meister Hermann verfertigt. Es folgt die französische Taufe von 1422 in Larrelt und dann der stattliche Bestand aus der Klinghe-Werkstatt. Den einer umgekehrten Glocke ähnelnden Kesseln ist in flachem Relief, häufig unter gotischen Baldachinen, ein Zyklus von Standfiguren, Heiligen mit Attributen und Beischriften, Darstellungen der Taufe und der Kreuzigung auf der glatten Rückwand vorgeblendet. Vollplastisch sind die vier Standfiguren modelliert, auf deren Köpfen das Becken ruht, und maskenartige Köpfe am Beckenrand, deren paarweises Auftreten darauf deutet, daß ursprünglich ein hoher Metalldeckel die Taufe bekrönte. Es gibt Anzeichen dafür, daß solche Masken und auch Figuren in der Werkstatt weitervererbt wurden, wie dies auch in der Vischerwerkstatt in Nürnberg der Fall
42 gewesen ist. Andererseits macht der Lanzenträger von der Taufe in Eilsum sichtbar, wie lebendig auch übernommene Model „angetragen" werden können, wenn, wie hier, der Meister mit dem Spatel den weichen Ton graphisch zerfurcht oder wie er die Umrisse nachgezogen hat.

Meister Barthold in Pilsum entfernt sich in dem gedrungenen Wuchs und im verdrossenen Gesichtsausdruck seiner Gestalten von Meister Gherts fließenderen Formen, die noch vom „weichen Stil" herkommen. Haben an der älteren Taufe die schönen jugendlichen Träger das Ansehen von Diakonen, so bricht in Pilsum Meister Barthold höchst
35 persönlich mit der Überlieferung, wenn er die Träger als die Evangelisten vorstellt, deren Körper die Köpfe ihrer Symbole (Engel, Löwe, Stier und Adler) tragen.

Die pflegliche Erhaltung der Taufen ist darin begründet, daß das Sakrament unangefochten die Krise der Reformation überdauert hat. Weder die Reformierten noch die Lutheraner haben an den Heiligendarstellungen Anstoß genommen; ihnen war und blieb die Taufe die Einsegnung in die christliche Gemeinschaft. Das Taufbecken wurde in den evangelischen Gotteshäusern im Chor aufgestellt; im katholischen Ritus hatte es in der Nähe des Eingangs gestanden, nachdem im 11. Jahrhundert die Sitte des vollständigen Untertauchens aufgegeben war, so daß die bis dahin üblichen Taufkirchen mit ihren großen Taufbecken entbehrlich geworden waren.

Die Reformation ließ sich unter der toleranten Regierung Edzards des Großen zunächst bilderfreundlich an. Schon 1519 hatte sich der Graf für die Sache Luthers entschieden, mit dem er auch persönlichen Kontakt aufgenommen hat. Nun erwies sich das Genossenschaftspatronat, das dem Volke das Recht zur Wahl der Geistlichen beließ, als fruchtbarer Boden für die Verkündigung des Wortes Gottes in deutscher Sprache, andererseits bot aber die wenig profilierte Haltung in Glaubensfragen Ansätze zu Schwärmertum und Täufertum, deren „spiritualistischer" Richtung gefährliche Tendenzen zur Bilderstürmerei innewohnten. Bis zum Tode Edzards am 16. Februar 1528 sind keine feindseligen Handlungen oder Eingriffe in das katholische Kirchengut bekannt geworden. Den Leichensermon hielt dem verstorbenen Grafen ein ehemaliger Dominikanermönch, der sich der Lehre Zwinglis zugewandt hatte. Ging schon der bedeutende Ratgeber Edzards, Ulrich von Dornum, planmäßig und resolut daran, in heftiger Feindschaft zu Rom die Lehre Zwinglis durchzusetzen, wobei er sich der Hilfe fanatischer Täuferpropheten versicherte, so wandelte sich das Bild vollends unter der Regierung Ennos II., der als zweitgeborener Sohn die Regierung als Jüngling übernahm und sie bis 1540 führte. Schon im ersten Jahr seiner Herrschaft ließ es der Dreiundzwanzigjährige zu, daß Klöster und Pfarrkirchen ihrer bis dahin unangetasteten Schätze – Monstranzen, Meßgewänder, Kelche, Bargeld – beraubt wurden. Dieses Raubgut wurde zunächst in einer eisenbeschlagenen Kiste im Rathaus zu Emden verwahrt, ist dann aber zur Anwerbung von Landsknechten eingeschmolzen bzw. restlos versilbert worden. Ein Einziehungsbericht läßt Rückschlüsse auf die bedeutende Ausstattung der Großen Kirche in Emden zu, die außer dem Kirchenschatz ein silbernes Marienbild, ein hölzernes, mit Goldblech beschlagenes Marienbild (also wohl ein hochromanisches Altarwerk) und eine weitere Madonna mit einer silbernen Krone hergeben mußte. Ein solcher einmaliger radikaler Eingriff mochte schweren Schaden stiften, unersetzlich aber mußte der Verlust werden, wenn landesherrliches Geheiß den Kampf gegen die Kunst zur Pflicht machte. Nach einem Bericht vom Jahre 1530 konnte man an einem Kloster in lateinischer Sprache die Inschrift lesen:

Die Tempel, die der Ahnen frommer Sinn errichtet,
Sie werden durch der Erben Wolfesgier vernichtet.

Gegen den Vorwurf der Sakramentsverachtung hat sich ein Teil der protestantischen Geistlichkeit öffentlich bekannt und hat versucht, mit Argumenten Zwinglis über das Sakrament und das Wort Gottes zum Frieden zu raten. Gemeinsame Bemühungen mit dem Landesherrn, zu einer einheitlichen Kirchenordnung in Ostfriesland zu gelangen, führten zu keinem dauerhaften Ergebnis. Immer schärfer setzte sich der Gegensatz zwischen Reformiert und Lutherisch fest. Die Pastorenstellen wurden in einem gewissen „Proporz" besetzt, so wie das Studium an den Hochschulen die Theologen der jüngeren Generation geprägt hatte. Dazwischen standen die Wiedertäufer, die sich später Mennoniten nannten. Sie lehnten den geistlichen Stand überhaupt ab und verkündeten das allgemeine Laienpredigeramt. Zwischen Liberalismus und Fanatismus prägte sich eine spezifisch ostfriesische Entwicklung aus, die durch zwei äußere Ereignisse wesentlich bestimmt wurde: die Berufung des polnischen Reformators Johannes a Lasco als Superintendenten nach Emden (1543) und die mit glänzendem wirtschaftlichen Aufstieg verbundene Aufnahme der von den Spaniern vertriebenen kalvinistischen Niederländer in Emden als einer „Herberge Gottes" (seit 1554). Diese Ereignisse fallen bereits in die Regentschaft der Gräfin Anna (1540–1558), der Witwe Ennos II., einer oldenburgischen Prinzessin. Ihr Bild ist umstritten; zwar war sie auf die Geltung des landesherrschaftlichen Prestiges bedacht, sie hat aber mit dem patriarchalischen Regiment ihrer Vorgänger endgültig gebrochen und überließ ihre Entscheidungen dem Einfluß ihrer Räte, unter denen zum ersten Male viele von auswärts berufene Männer waren. Äußerlich zeigt sich diese Strukturveränderung darin, daß die gräfliche Kanzlei von der niederdeutschen zur hochdeutschen Schriftsprache überging. Der erste Superintendent a Lasco hat zwar das Verdienst, den Zusammenschluß der reformierten Geistlichen zum sogenannten Coetus geschaffen zu haben, er bestimmte aber die Gräfin, nun radikal die Erinnerung an den alten Glauben in den Kirchen beiseite schaffen zu lassen. 1543 ergeht der Befehl, die „Bilder" zur Nachtzeit und ohne daß der „Pöbel" davon erfahre, ohne Geschrei auf die Kirchböden oder die Gewölbe zu legen. Das ist wohl in der Regel stillschweigend so geschehen. Noch schlimmer äußert sich aber die einmal ausgelöste Bilderfeindlichkeit in einem Protokoll von 1624, laut dem im Beisein des Presbyteriums der Großen Kirche in Emden ein Marienbild verbrannt worden ist. Folgenschwer war für die Zukunft, daß die Regentin Anna sich nicht an die vom Grafen Edzard gesicherte Primogenitur hielt. Sie verschaffte ihrem Lieblingssohn Johann die Verwaltung über mehrere Ämter. Da der Erstgeborene, Edzard II. (1558–1599), als rechtmäßiger Landesherr lutherische, Johann aber reformierte Prediger berief, blieb die Spaltung in beide evangelische Konfessionen dauerhaft erhalten. Im Harlingerland ist die Reformation erst seit 1538 von lutherischen

98, 99 Geistlichen durchgeführt worden, wahrscheinlich ein Grund dafür, daß sich in Funnix, Buttforde und auch in Bagband auffallend viele spätgotische Holzbildwerke erhalten haben.

Die Bilderfeindlichkeit beschränkt sich nicht auf die Altäre. Zwingli, dessen Einfluß sich zwischen 1520 und 1530 durchsetzte, verlangte die radikale Austreibung jeder Kunstmusik aus dem Gottesdienst und aus dem Gotteshaus, also auch der Orgeln. Die Gemeinde sang unter Leitung eines Vorsängers oder eines Knabenchores; zunächst war die Orgel zur Begleitung des Gemeindegesangs nicht zugelassen. Doch hat sich die Einstellung zur Kirchenmusik bei den Lutheranern und den Kalvinisten allmählich gemildert, um schließlich im lutherischen Gottesdienst die bekannte Blüte der Orgelmusik im Präludium und im Nachspiel einzuleiten. So wurde in einer Streitschrift der Lutheraner die Gegnerschaft allein den Reformierten unter Johann a Lasco angelastet, die alle liturgischen Kunstwerke „als des Papsttums Greuel und Abgötterei" zerstört hätten. Die Orgeln mußten des „Teufels Wind- und Pfeifenstuhl" heißen. Mit Steinen warfen die Puritaner in die Prospekte, „darnach aber sind sie mit großen Unkosten repariert". Zwischen 1581 und 1750 gibt es in Emden keinen größeren Orgelneubau und keine Reparaturen. 1640 werden Orgeln versuchsweise wieder zum Gemeindegesang zugelassen. Die älteste Orgel in Ostfriesland steht in der Kirche von Rysum (1513). Einzelne Werke des 17. Jahrhunderts haben die Stürme ebenfalls überdauert: Osteel (1619), Westerhusen (1642/43), Uttum und Visquard (um 1660), Engerhafe (1671).

Die Tätigkeit des Arp Schnitger und des Gerhard von Holy in Aurich fällt in eine Zeit, die dem Orgelspiel, der gleichzeitigen musikalischen Literatur entsprechend, wieder mehr Raum im Gottesdienst und damit auch in den Kirchen zugesteht. So entstanden Meisterwerke wie die Orgeln in Dornum, Norden und Weener. In der St. Ludgerikirche hatte bereits 1567 Andreas de Mare ein neues Werk geschaffen, ehe 1688 der mächtigen Orgel die noch heute bestehende wahrhaft monumentale Form gegeben wurde. Mit dem Fürstenstuhl überlagert sie „klobig und drohend" die Kanzel von 1712. Diese Dreiheit stellt in sich eine zwar düstere, aber eine die Phantasie beflügelnde raumbildende Pracht dar. 81, 65, 117

Die Kanzel als Predigtstuhl bot für die Kunst des Protestantismus neue Möglichkeiten an. Sie sind in Norden, aber auch andernorts, wie in Dornum, Esens, Hinte oder Pilsum genutzt worden. Auffällig ist, daß in die Gemeinschaft der Heiligen als gleichberechtigter „Novize" der Reformator Dr. Martin Luther zugelassen wird (Norden). In Esens ist sein Bildnisrelief ebenbürtig mit dem Propheten Moses auf einer Seitenwange der Betbank vor dem Altar anzutreffen. Diese Zusammenfügung aus frommer Einsicht, die auch die Schergen Christi als zeitgenössische Landsknechte auftreten ließ, steht in merkwürdigem Gegensatz zu dem Unverständnis gegenüber geschichtlichen Denkmälern. Das Gedächtnis an eine Persönlichkeit wie Sibet Attena, die für die Einigung des Landes bedeutungsvoll gewesen war, muß ausgelöscht gewesen sein. Anders ist nicht verständlich, wie das bedeutende Hochgrab in der Kirche zu Esens der Begleitfiguren beraubt und auch sonst mißhandelt worden ist. Es wurde offenbar den Denkmälern des alten Glaubens, wie zum Beispiel dem Sakramentshaus in der St. Ludgerikirche in Norden, gleichgeachtet. Im übrigen aber bleibt das Grabmal eine Formgelegenheit, die ohne Bruch durch die Krisenzeiten der Reformation weitergeführt wurde. Ja, es gibt mehrere Grabmäler von hoher allgemeiner Bedeutung in Ostfriesland. Eine Gruppe kann aufgrund der Signatur dem niederländischen Bildhauer Vincent Lucas (gest. nach 1561 als Bürger von Franeker) zugewiesen werden. Der allegorische Inhalt, der darauf verzichtet, das Bildnis der Toten darzustellen, läßt darauf schließen, daß die Programme dieser Steine von gelehrten Theologen ersonnen worden sind. Neue Ziele setzte die Antwerpener Bildhauerwerkstatt des Cornelis Floris. Dort gab Gräfin Anna 1548 das aufwendige Prunkgrab für ihren Gatten Enno II. in Auftrag, von dem heute in der Ruine der Großen Kirche in Emden nur noch ein Schatten einstiger Größe zeugt. Es nahm die Mitte der „Fürstengruft" ein, die 1531–1588 den ostfriesischen Grafen zum Mausoleum gedient hat. Auf schwarzem Katafalk ruhte die Gestalt des Grafen, die in vollem Harnisch aus Alabaster gemeißelt war. Ein Baldachin hat das Grabmal überwölbt, ähnlich wie sich noch heute die Grabkapelle des Edo Wiemken an der Stadtkirche zu Jever präsentiert. Das Fräulein Maria von Jever hat das Grabmal in derselben Werkstatt in Antwerpen bestellt. An Pracht sollte es womöglich das Emder Denkmal noch übersteigen; auch hatte das Fräulein den Chor für ihr eigenes Begräbnis ausersehen. Der Floris-Schüler Hinrich Hagart hat die bildhauerische Arbeit 1561–1564 geliefert, nachdem bereits 1556 das heraldische 94

96

60

43

107

Portal zum Grabchor entstanden war und die Werkstatt des Jakob Collyn in Utrecht den in Bildfelder aufgeteilten Baldachin beisteuerte. Er ist einem achteckigen hölzernen Kuppelbau eingepaßt, dessen Arkaden sich zu einem Umgang öffnen.

Man sieht, daß unbeschadet aller Glaubensfehden die Regentinnen in Emden und Jever keinen Aufwand gescheut haben, die Erinnerungsbilder der für ihr dynastisches Prestige entscheidenden Männer mit einem Prunk auf das Paradebett zu erheben, der in der Zeitsprache des Antwerpener Manierismus dem römschen Ahnenkult nacheifert. Der Ehrgeiz, die Zeiten zu überdauern, treibt die Auftraggeberinnen dazu, so wie ihre Politik der Anlehnung an die großen Potentaten bedurfte, die Landesgrenzen zu überschreiten und Meister aus den europäischen Zentren zu berufen. Hinrich Hagart, der das Grabmal in Jever signiert hat, ist später Mitarbeiter am Maximiliansgrab in Innsbruck gewesen. Im Aufbau schließt sich das Denkmal in Jever dem Prunkgrab des dänischen Königs Friedrich I. im Dom zu Schleswig an. In einfacherer Form, doch von ebenbürtiger Qualität, ist das Wandgrab des Unico Manninga in der St. Ludgerikirche in Norden eine Arbeit der Floris-Werkstatt (1588). 1678 ist es pietätvoll wiederhergestellt worden.

Ein strengerer Typ des den Verstorbenen in ganzer Gestalt darstellenden Grabmals wird aus den Niederlanden nach Ostfriesland geliefert. Die „Leitform" gibt offenbar der Ehegrabstein des Häuptlings Tido von Inn- und Knyphausen in Accum (Jeverland) vom

24 Jahre 1576. Derselben Werkstatt gehört ein 1590 datierter Grabstein in Groothusen an. Die heraldische Ordnung des Rahmens stimmt vorzüglich zu der Symmetrieachse der frontal stilisierten Frauengestalt, deren waches Auge einen Zug von Unnahbarkeit und Hoheit in die sich wie ein Portal öffnende Zeremonie der Komposition trägt. In einem

82 Grabmal in Dornum überwiegt das Figürliche, dessen Maße die architektonische Ordnung zu überwuchern beginnen. Genau notiert sind jedesmal die Moden der Rüstungen und der Kleider.

In einigen Kirchen sind die Gewölbe erhalten, in denen die Häuptlinge und Ritter

6 beigesetzt wurden. Der barocke Prunksarkophag der Fürstin Christine Charlotte im Mausoleum zu Aurich, die 1665–1690 die Regentschaft führte, ist ein Denkmal für die schöne Württembergerin, die mit Waffengewalt, mit dem Rat landesfremder Drosten und allen Mitteln der hohen Politik gegen die Stände die landesherrliche Gewalt im Sinne der absolutistischen Regierungsform zu halten und zu mehren suchte. Von der fürstlichen Repräsentation zeugt nur noch der mit Allegorien verzierte Sarkophag: Ihr Nachlaß, in dessen Verzeichnis das Silber- und Goldgeschirr 19, die Maskenanzüge vier Folioseiten füllten, zerfiel unter der Finanznot, die sie hinterließ. Doch ist hervorzuheben, daß diese Süddeutsche, deren Lebens- und Regierungsform sie in dem strengen Lande zu einer ungeliebten Landesmutter stempeln mußte, durch die Förderung von Kirchenbauten die wechselseitige konfessionelle Duldung in den Landesteilen verbessert hat.

Es gibt recht verschiedenartige Friedhöfe in Ostfriesland, solche von stiller garten-
101 artiger Sammlung; es gibt Plätze unter hohen Bäumen, mit weitem Blick in die Lande;
89 Stelen, deren Inschriften vom Schicksal der Toten wortreich berichten oder symbolisch ver-
10, 69 gegenwärtigen; es gibt kunstvolle Eisenkreuze neben geschmacklosen Serienprodukten, wie überall. Bis zur Wende zum 19. Jahrhundert hält sich der den alten Nürnberger Friedhöfen und der Herrenhuter Brüdergemeine vergleichbare Brauch, flache Grab-
121 platten zu setzen (Weener), am eigenartigsten auf der „Insel der Seligen" im Schloßpark

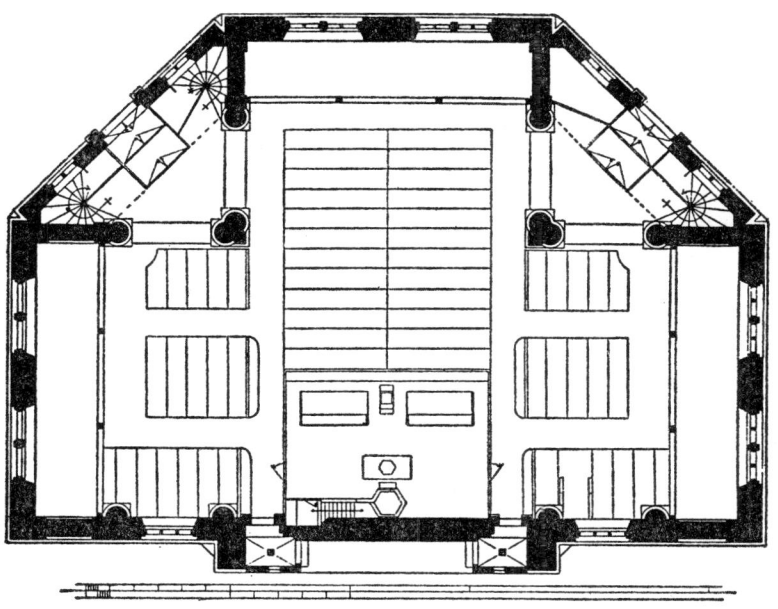

Emden. Neue Kirche, Grundriß

zu Lütetsburg. Wie konsequent die Gesinnung ihres Schöpfers aus der kirchlichen Bindung sich der Naturversenkung pantheistischer und sentimentaler Empfindsamkeit hingab, geht aus der Niederschrift des Grafen Edzard Mauritz zu Inn- und Knyphausen hervor, in der er bekennt: „Lange war ich mit dem Gedanken beschäftigt gewesen, meiner Familie im Garten einen Begräbnisplatz einzurichten, weil ich dieses der Bestimmung des Menschen angemessener hielt als die Beisetzung in Kirchengewölben, und der Garten selbst dadurch an Interesse gewinnt, sich in Stunden der Erinnerung ohne Schauer zur Gruft der Vorfahren zu begeben und sich den Gefühlen nach dem Maß ihrer Liebe überlassen zu können."

Wie bereits mehrfach hervorgehoben wurde, tut die strenge reformierte Richtung den für den katholischen Gottesdienst erbauten Kirchen Zwang an, wenn in die „gerichtete" Achse zum Chor querorientiertes Mobiliar eingestellt wird. Das ist nicht gravierend, wenn der Altar beweglich bleibt, bei Bedarf als einfacher Tisch aufgestellt wird, oder der ostfriesische „Breitraum" ohnehin die Längsachse von Westen nach Osten aufhebt. Alle diese Überlegungen mußten zu einer Idealform führen, wenn die Predigtkirche als Zentralbau von Grund auf geplant werden konnte. Das war 1643 der Fall, als der Stadtingenieur Martin Faber in Emden den Auftrag für die Neue Kirche erhielt. Die im Stadtbild überaus wichtige Kirche, die gotische und barocke Details zu einem neuen Stil formiert, erscheint wegen ihrer Dachform als Kreuzkirche; der Grundriß zeigt aber eine „verkümmerte" Form. Im Innenraum, der als halbes Kreuz T-artig ausgebildet ist, beansprucht die Kanzel in der Hauptachse den ersten Platz. Ihr sind die Sitzbänke zugeordnet. Auf einen Altar ist verzichtet. Die Empore läuft in Höhe der Fenstersohlbänke um, auch sie gewährt von allen Plätzen Sicht auf die Kanzel. Die Predigt ist die unsichtbare Mitte dieses dem Wort Gottes geweihten Hauses. Eine Orgel wurde erst 1818 eingeweiht. Es gibt vier Eingänge, davon zwei in den hohen Nebenräumen, die in den Kreuzwinkeln entstehen. Das alles ist licht, nüchtern, konsequent. Der funktionellen Klarheit entspricht die räumliche Wirkung, die auf Auszierung puritanisch verzichtet.

In der von C. B. Meyer 1812–1814 erbauten Reformierten Kirche in Aurich hat der Klassizismus ähnliche Konsequenzen gezogen. Die kühle Festlichkeit der klassischen Ordnung öffnet sich auf quadratischem Grundriß zu einer lichten Rotunde, die man durch einen dorischen Portikus wie zu einem Tempel betritt. Kanzelaltar und Orgel geben dem Zentralbau Spannung, außerhalb dieser Achse steht die stilgerechte Taufe. Man empfindet die heitere Klarheit dieses Konzepts, wenn man hinübergeht zur Lambertikirche, die vom gleichen Architekten als klassizistisches Langhaus erbaut, der aber durch den Ihlower Altar eine Querorientierung mitgeteilt wird, die besonders in Erscheinung tritt, nachdem der auch hier von C. B. Meyer eingebaute Kanzelaltar entfernt wurde.

Ähnliche Überlegungen stellen sich ein, wenn man sich über die Besonderheit kirchlicher Räume im Lande klarzuwerden sucht. Zweifellos ist das Empfinden für wohnliche Geborgenheit ein Prinzip, das den Gemeinden am Herzen lag, wenn ihnen draußen in der Welt Sturm und Kampf drohend entgegentraten. So betrachtet stellt die reich ausgestattete Kirche zu Dornum einen Idealfall dar. Die Einbauten der Emporen und des Herrschaftsstuhles können als Kennzeichen der „Absonderung" auch im Gottesdienst gelten. Eine reizvolle Sonderform des Gestühls trifft man in der Kirche zu Bunde an. Demnach scheint sich bei beiden Konfessionen der gemeinsame Wesenszug auszuprägen. Die festliche Note, die kostbare Schnitzkunst an der Kanzel und am Gitterwerk der Taufe, die farbige Harmonie im Ganzen kennzeichnen allerdings die lutherische Richtung als die sinnenfrohere, und es mag dem edlen Wettstreit der auf den Orgeln ertönenden Musik überlassen bleiben, wie und unter welchen Zeichen der Kunst Gottes Wort in den ostfriesischen Kirchen verkündet wird.

STÄDTE UND SCHLÖSSER

In Ostfriesland gibt es weder Reichs- noch Hansestädte. Als das stolze Emden 1579 den Antrag um Aufnahme in die Hanse stellte, wurde er abgelehnt wegen der Beziehungen, welche die Stadt zu den englischen Kaufleuten, den Konkurrenten des Bundes, unterhielt. Die zeitlich so späte, negativ verlaufene Annäherung an die Hanse und die ungewöhnliche Bindung an außerdeutsche Handelsplätze charakterisieren die Stadtmonographie Emdens, die sich in dieser und mancherlei anderer Hinsicht von dem Profil der übrigen Städte Aurich, Esens, Leer, Norden und Wittmund absetzt.

Eine Nachricht vom Schiffsverkehr mit England liegt schon aus dem Jahre 1224 vor; aus dem gleichen Jahre ist Emden als Zollstätte erwähnt. Emder Münzen fand man im ganzen Ostseeraum, bis weit nach Rußland hinein: Zeugnisse für den ausgedehnten Handel der Stadt an der Ems. In Verbindung mit den Vitalienbrüdern ist von dem befestigten Emden die Rede, dessen Bevölkerung von Fischfang, Markt und Handel gelebt hat. Hamburg ist es gewesen, das mit Flottenmacht vor Emden erschien, zunächst um der Seeräuberei ein Ende zu bereiten, dann aber, um im eigenen Interesse in die Fehden der miteinander konkurrierenden Häuptlinge einzugreifen. So stand die Stadt im Verlaufe des 15. Jahrhunderts zeitweise gänzlich unter der Herrschaft Hamburgs. 1442 werden erstmals vier auf Lebenszeit gewählte Bürgermeister erwähnt, 1465 die neuen Stadtstatuten verabschiedet. Das Interesse der Hanseaten konzentrierte sich auf das begehrte Emder Stapelrecht, das der vielgewandte weltliche Propst Hisko als Stapelzwang um 1390 durchgesetzt hatte und das darin bestand, daß die den Hafen passierenden Schiffe gehalten waren, ihre Waren für drei Tage in Emden auszulegen. Obwohl die eigentlichen Blütezeiten Emdens, durch kurzfristige Konjunkturen künstlich hochgetrieben, nur von kurzer Dauer waren, obwohl der Hafen durch die Abdrängung des Emslaufes schweren Krisen ausgesetzt war, wurden der Emder Zoll und das Stapelrecht erst 1809 auf gemeinsamen Druck der Franzosen und der Holländer aufgehoben. Praktisch hatte die Stadt mit beiden Privilegien, die einst Kaiser Maximilian bestätigt hatte, den gesamten Handel bis nach Westfalen und an den Rhein kontrolliert.

Die Entwicklung im 15. Jahrhundert wurde von den ostfriesischen Grafen gefördert. 1552 rief die Gräfin Anna nach niederländischem Muster die noch heute blühende Heringsfischerei ins Leben. Um die gleiche Zeit (1555) wird Emden Zentrum des niederländischen Buchdrucks. Drucker aus Gent, Brügge und Antwerpen druckten Bibeln und Traktate, aber auch politische Schriften, die heimlich in die Niederlande geschleust wurden. 1564 verlegten die Merchant Adventurers ihren Tuchstapelplatz von Antwerpen nach Emden, eben jener Court, weswegen der Stadt der Zugang zur Hanse verschlossen blieb. Seit 1528, unter Enno II., strömten Flüchtlinge, die um ihres kalvinistischen Glaubens willen im Spanisch-Niederländischen Krieg verfolgt wurden, in Emden ein. 1568 schien die Stadt auf das schwerste bedroht, als bei Jemgum (Kreis Leer) der Herzog von Alba das gegen die spanische Herrschaft unter Graf Ludwig von Nassau kämpfende niederländische Heer vernichtend schlug. Damals hat Emden eine starke, nach modernsten Grundsätzen entwickelte Befestigung erhalten. Unter Einbeziehung der Vorstadt Feldern wurde der mittelalterliche Mauerkranz mit seinen Wehrtürmen geschleift, wurden die Festungswälle weit hinausgeschoben. Unter der Leitung des

Textb. S. 40

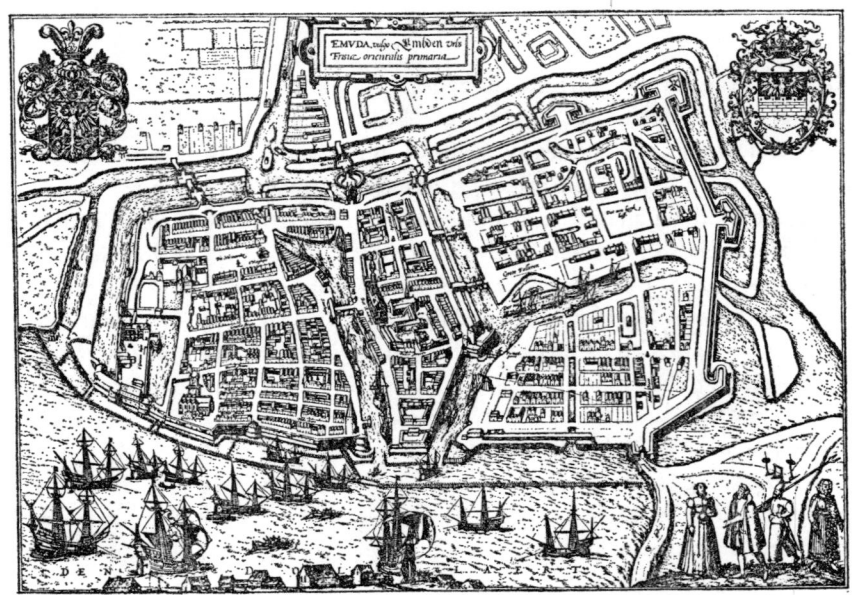

Emden. Stich nach Braun und Hogenberg, 1575

Drosten Unico Manninga entstanden Sternbastionen mit breiten Wassergräben, die der Seestadt von der Landseite her einen festen und prächtigen Rahmen gaben. 1606–1616 haben der Stadtbaumeister Gerrit Evert Piloot und der holländische Festungsspezialist Johann von Valkenberg die Neustadtbefestigung abgeschlossen. Auf den Zwingerbollwerken sind bei Merian neun Holländermühlen, von Kanonen flankiert, zu erkennen. Gedrungene Portale toskanischer Ordnung, den italienischen Verteidigungsingenieuren abgesehen, verschlossen die Tore, welche die Bastionen und Contrescarpen miteinander verbanden. Ähnliche Systeme wurden von Valkenberg für Braunschweig, Bremen, Hamburg, Lübeck und Ulm ersonnen.

    Die Ausdehnung der Stadt galt nicht nur der Verteidigung. Der Menschenzustrom ist außergewöhnlich stark gewesen. Am damals noch tiefen Hafen hatten die Großkaufleute aus aller Herren Länder und Häfen vom Mittelmeer bis zur Ostsee ihre Faktoreien. Die in Emden stationierte Heimatflotte hatte mehr Schiffe als die Englands. Die Bautätigkeit ist überaus rege gewesen, und es ist tragisch, daß die Rückschau auf diese Periode, da Emden 1569 bis 1599 aus der Not der Niederlande seine eigentümliche Blüte zog, archäologisch-abstrakt sein muß: die großartige, mit den berühmten niederländischen Stadtbildern wetteifernde Stadtgestalt Emdens ist seit dem Zweiten Weltkrieg nicht mehr. Dahin sind die Gildehäuser – als vornehmstes das der Goldschmiede –, die trutzigen Stadthäuser der ritterlichen Geschlechter – Klunderburg, Gödenser, Dornumer, Oldersumer Haus –, dahin die Bürgerhäuser, gotische Giebel, flandrische Renaissance-Fronten und holländische Reihenhäuser, die sich trotz mancher Veränderungen und entstellender Profanierungen bis in unsere Generation hinein erhalten hatten.

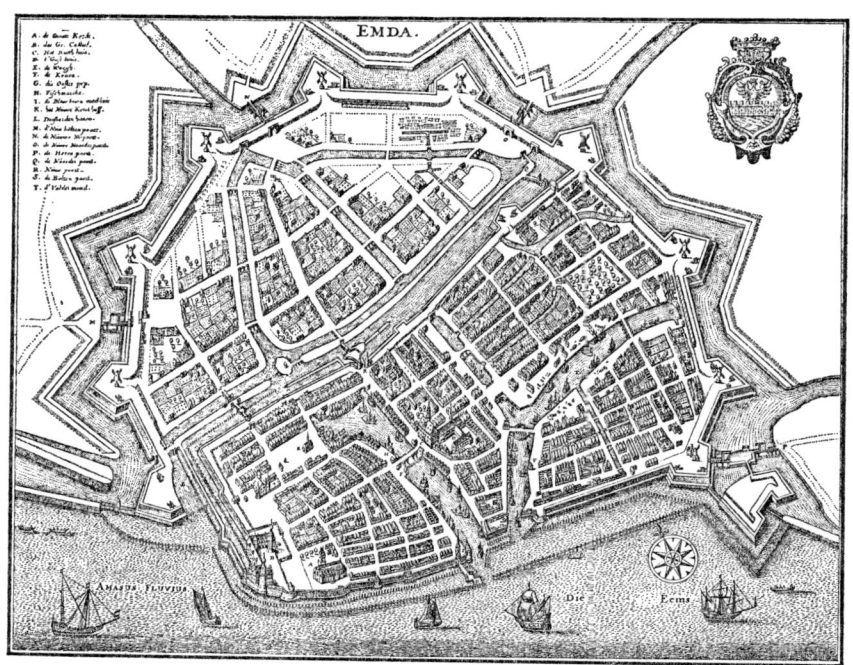

Emden. Stich nach Matth. Merian, 1647

Nicht verlorengegangen sind die Maße der alten Stadt, der durch die Wasserläufe und den Hafen Richtung und Ordnung gewiesen blieben. So darf Emden als Modellfall für einen gut durchdachten und gut gelungenen Wiederaufbau gerühmt werden. Die Achsen, die dem Rathaus zugeordnet sind, machen das deutlich. Das Ortsstatut, das Straßenbreite, Bebauungshöhe, Baumaterial, Werbung und Gewerbeklasse festlegt, erkennt die „regierende" Mitte des Rathauses vorbehaltlos an. (Ob dabei die Verkehrssituation vor der Hauptfront des Rathauses auf Dauer befriedigend gelöst ist, wird die Zukunft erweisen müssen.)

Das beherrschende Meisterwerk des „Neuen Rathauses", Sinnbild der Freiheit und des Bürgerstolzes, verkörpert die unlösliche Verbindung der Emder Kultur, Lebensweise und Haltung mit den westlichen Provinzen: der Baumeister, der es 1574–1576 erbaut hat, Laurens van Steenwinkel, kam aus Antwerpen! Dachstuhl und Dachturm schuf Marten van Delft. Die übrigen Mitarbeiter waren fast ausnahmslos Holländer und Flamen. Erst wenige Jahre zuvor war das neue Rathaus in Antwerpen fertig geworden (1561/65 von Cornelis Floris de Vriendt und Paul Syndicx erbaut). Beiden Rathäusern eignet die gleiche Gliederung der Hauptansicht, die das Obergeschoß umziehende Galerie, die später abgebrochenen Arkaden, die man sich wie den Laubengang am Bremer Rathaus vorzustellen hat, und das Risalit mit dem wappengeschmückten Giebel, das in Emden wegen der Straßendurchfahrt aus der Mitte gerückt ist. Dazu der Dachturm, der Kontrast zwischen Sand- und Backstein, sparsamer Schmuck, kostbar sich drehende Wetterfahnen in Gestalt von Schiffen und Fabelwesen, halb Mensch, halb Fisch.

Die Erbauungszeit des stolzen Hauses ist erfüllt von Machtkämpfen, die in den letzten Jahren des 16. Jahrhunderts in den Mauern der Stadt tobten. Sie begannen mit der Absetzung der 24 Deputierten im Jahre 1589, mit dem Ziel, durch die statt ihrer gewählten „Vierziger" auf die städtischen Angelegenheiten mehr Einfluß im Sinne der Reformierten und gegen den mit den Spaniern sympathisierenden Grafen zu gewinnen. Um Blutvergießen zu vermeiden, wurde die Vermittlung der Holländer angerufen. Unter der Bedrohung durch die auf der Ems ankernden niederländischen Flotte wurde Graf Edzard II. im Delfzijler Vertrag 1595 gezwungen, Emden als „Staat im Staate" anzuerkennen, eine holländische Besatzung in der Stadt und die Generalstaaten als Schutzmacht der Commerzien und der Schiffahrt zu dulden. Ja, es hat nicht an Versuchen gefehlt, Ostfriesland als achte Provinz den Generalstaaten einzuverleiben. Als Klientel der Generalstaaten tritt Ostfriesland unter der maßgeblichen Führung einer kleinen Gruppe reformierter Geschlechter und der Stadt Emden in das niederländische Jahrhundert seiner Geschichte ein. Nicht zuletzt die Garnison mit sechs- bis siebenhundert Soldaten, die unter dem Kommando eines Niederländers stand – ohne Zustimmung der Stände –, ist stellvertretend dafür, daß damals in Emden vorwiegend Niederländisch gesprochen wurde. Das Recht zum Widerstand gegen Unterdrückung, im Spanisch-Niederländischen Freiheitskampf der entscheidende politische Motor, in der Emder Revolution unter geistlicher und weltlicher Führung nicht minder gewichtig, war aus der kalvinistischen Lehre entwickelt. So ist es kein Zufall, daß Ubbo Emmius, der in Greetsiel geborene Begründer des friesischen Geschichtsmythos, aus der Lehre des Kalvinismus, zu dem er übergetreten war, und als Gründungsrektor der Universität Groningen, seine Thesen von der friesischen Freiheit entwickelt hat.

Machtvoll und stark befestigt hat Emden während des Dreißigjährigen Krieges den Höhepunkt seiner Blüte erlebt. Es nahm wiederum Ströme von Flüchtlingen bei sich auf und hat durch Gebietserwerbungen seine Machtposition noch verstärken können.

14 Nach der Zerstörung der Emder Altstadt ist lange darüber nachgedacht worden, ob man das Rathaus genau rekonstruieren (wie in Münster) oder eine völlig neutrale Neugestaltung aus dem Geiste der Moderne (wie in Hildesheim) vorziehen sollte. Die von Bernhard Wessel einfühlsam und funktionell klar angebotene Lösung ist städtebaulich eine dritte Form (mit Braunschweig vergleichbar): an gleicher Stelle, in den Maßen und im Volumen übereinstimmend, in der Geschoßgliederung und in den Details dagegen abweichend ist ein Bau entstanden, der als „Stadtkrone" herrscht und im Inneren das festliche Gehäuse für einen „Kulturspiegel Ostfrieslands" ist, dessen Sammlungen sich aus dem Besitz der Stadt und den Kunstschätzen des Landesmuseums zusammensetzen, das seit 1820 aus kleinsten Anfängen sammelnd und bewahrend tätig ist. So ist ein „statisches" Museum zustande gekommen, nicht flexibel und veränderbar für wechselnde Ausstellungen, sondern fest gezogener Rahmen für vorbestimmte, der Stadt zugeordnete festlich präsentierte Inhalte. In der Rüstkammer und in der Renaissancehalle gibt es Höhepunkte, weil die Schaustücke historisch und künstlerisch von Anbeginn Wohnrecht im Rathaus gehabt haben.

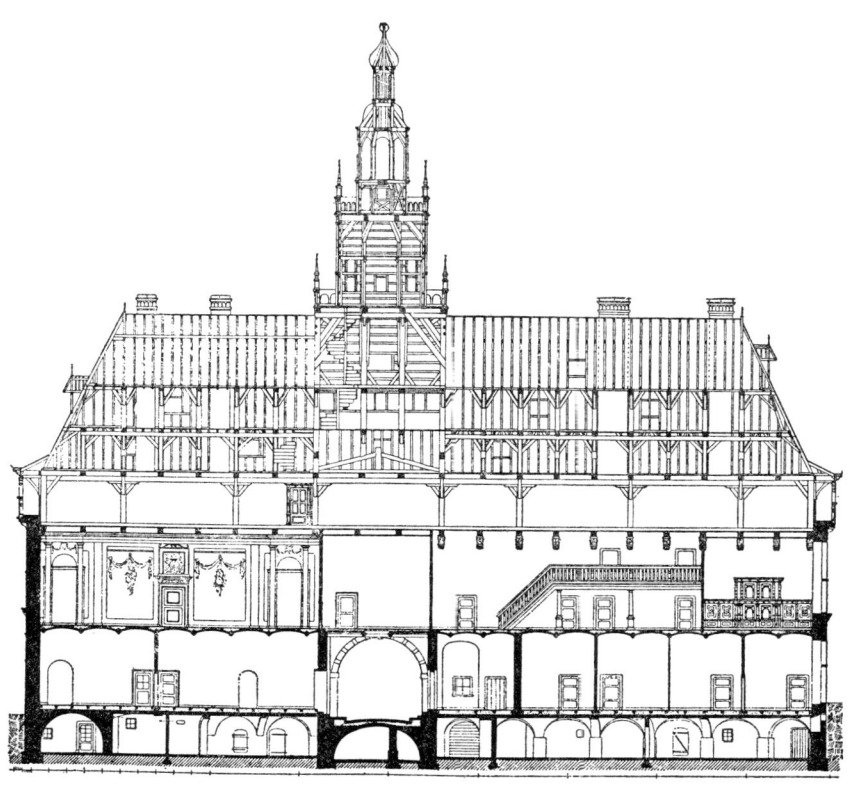

Emden, „Neues Rathaus". Schnitt durch die Geschoßeinteilung des 1944 zerstörten Baues von Laurens van Steenwinkel

Die Harnische, die Schutz- und Trutzwaffen, Büchsen und Fahnen sind auf verschiedenen Wegen nach Emden gekommen: auf Bestellung – es gibt wie „Uniformen" gleichartig gearbeitete halbe Harnische –, oder als Kriegsbeute. Weniger das Einzelstück sticht hervor, wie in fürstlichen Leibrüstkammern, als die Ausrüstung der Truppe im ganzen, deren Einzelteile, wie Kesselhaube, Hellebarde oder Schwert, unter sich mannigfach variieren. Die im Bilde rechts angeschnittene Rüstung ist der 23 kg schwere Trabharnisch des Bürgerkolonells Gerd Bolardus (1540–1612), der die Revolution des Jahres 1595 gegen den gräflich gesinnten Rat anführte: die gut geschlagene Plattnerarbeit, deren Kniekacheln Medusenhäupter zieren, repräsentiert ebenso wie der Mann, der den Harnisch einst trug – er hat in Rostock und Wittenberg studiert –, das militante Selbstbewußtsein der mächtigen Stadt.

Aus einem handschriftlichen Verzeichnis wissen wir, daß auf 40 Glasfenstern das Alte Testament, mit der Schöpfung beginnend, bis zur Geschichte Josefs, dargestellt war. Die Bilder nahmen die oberen Scheiben der durch Kreuzpfosten unterteilten Fenster ein; der untere Abschnitt war mit hölzernen Läden versehen. Vier große Doppelfenster in der „Sekretkammer" huldigten, wie dies zum Bildprogramm der Rathäuser gehörte, der Idee der Gerechtigkeit. Moses als Gesetzgeber ist der Göttin

Justitia zugeordnet. Glänzend gezeichnete, in „blonden" Tönen zart gehöhte Kabinettscheiben in der perspektivisch transparent gemachten Sockelzone illuminieren den Anruf der Standfiguren an die Verantwortlichen, ein gutes Regiment zu führen, durch beispielhafte weltliche, geistliche und allegorische Gerichtsszenen. Jahreszahlen, Stifternamen und Sprüche vervollständigen das Programm. Neben die Realität des Waffenarsenals tritt die Idealität der Allegorien. Der Glasmaler Johann Janssen beherrscht die Mittel des Zeitstils. Aus der Ikonographie seiner Gerechtigkeitsbilder kann auf einen gelehrten geistlichen „Programmierer" in Emden geschlossen werden, vergleichbar den Bilderfindungen an der Abschlußwand der Fürstengruft in der Großen Kirche, wo einst trauernde Frauengestalten jene friesische Goldtracht trugen, wie sie Unico Manninga der Nachwelt überliefert hat.

Als sich die Emder in ihrer geschützten Stadt Bauten und Kunstwerke bestellten und beschafften, wurde die Sonne des Wohlstandes bereits von Schatten getrübt, die mehr und mehr Krise und Niedergang ankündigten. Die Stadt kämpfte um die Erhaltung ihres Hafens. Als Folge von Sturmfluten und der Ausweitung des Dollarts verschlammte der Emslauf und begann, sich einen neuen stadtabgewandten Weg zu bahnen. Das mußte den einst so idealen Hafen stillegen. Während 48 Jahren hat sich die Bevölkerung mit verzweifelter Zähigkeit gegen diese Feindseligkeit der Natur gewehrt. Sie versuchte, auf eine Länge von 4½ km aus eichenen Pfählen eine Spundwand, den „Hoeft", durch die Fluten des Dollarts zu schlagen, ein Unternehmen, das bei dem damaligen Stand der Technik zum Untergang verurteilt war. Schließlich resignierte man; bis auf eine unbrauchbare Fahrrinne blieb der Hafen unwiederbringlich vom Strom getrennt.

Einen weiteren Rückschlag brachte die Heimkehr vieler niederländischer Familien in die alte Heimat, seitdem der Unterdrücker Alba nach Spanien zurückbeordert war (1573). Die wiederholt auftretende Pest minderte zusätzlich die Bevölkerungszahl. 1665 erlagen innerhalb weniger Monate 6000 Menschen in Emden dem schwarzen Tod.

Der Hafenstadt hat erst die preußisch-deutsche Initiative neue Aussichten auf den Welthandel eröffnet, nicht nur die im Kriege erhalten gebliebenen Anlagen der Binnen- und Außenhäfen, vor allem auch die neuen Fahrwasser und die beiden Kanäle Ems-Jade und Dortmund-Ems, die die Stadt zum Hafenkopf der Industriegebiete in Westfalen und an der Ruhr prädestinierten.

Preußen hat auch handelspolitisch die Wende gebracht. Zwar blieb Emden nach wie vor eine Vorlandschaft des benachbarten Holland, das durch Universitäten und Glaubensbruderschaft sein Übergewicht ungebrochen bis in das 19. Jahrhundert hinein aufrechterhalten konnte. Doch begründete der Große Kurfürst 1683 durch die Errichtung der Afrikanischen Kompanie und der Kurbrandenburgischen Admiralität neue patriotische Bindungen, die mit der Übernahme des Landes durch Friedrich den Großen 1744 das Ende der Schulden, aber auch der alten Rechte herbeiführten. Die im Wiener Kongreß ausgesprochene Vereinigung Ostfrieslands mit Hannover (1815–1866) hat kaum geschichtliches Bewußtsein gestiftet. Die Bindung an Preußen war entscheidender, und so ist es verständlich, daß die Ostfriesen entschieden darauf bestehen, die gewachsene Ordnung auch im heutigen Niedersachsen anerkannt zu finden. Das bedeutet, daß sie an Aurich als ihrer „Residenz" (bis 1744) und Regierungsbezirksstadt in Treue festhalten. Zunächst ist allerdings Emden die Hauptstadt gewesen, Aurich war Nebenresidenz. 1539 hat Enno II. Aurich zur Stadt erhoben. Sein Nachfolger, Edzard II., siedelte 1565 mit seinem Hof nach Aurich über, auch die fürstliche Gruft zog aus der Großen Kirche in die Auricher Lambertikirche und hat seit 1876 in einem Mausoleum auf dem Friedhof eine letzte Ruhestätte gefunden.

Aurich ist eine behagliche Hauptstadt. Nur ein Drittel so groß wie Emden, zeigt es verschiedene Gesichter: in seinem Regierungsviertel, das zu der schönen Neuen Kanzlei von 1732 und dem kühlen Schloß von 1852 in unseren Tagen gut ausgewogene Neubauten erhielt, das in einem Hain gelegene neue Archiv, das mit einem Landeskundlichen Institut und der Bibliothek ein wohltuendes „Kontrast-Programm" zu dem museal würdigen, etwas düster-repräsentativen Neurenaissance-Gebäude der Ostfriesischen Landschaft (1897–1900) darstellt. Aurichs breite Straßen und Plätze sind von manchem charaktervollen Haus gesäumt. So präsentiert sich die lebhafte Stadt ebenso liebenswürdig wie vielseitig als ein Widerspiel des dem ländlichen Leben zugekehrten Ostfriesland.

Eine Residenz ist zeitweise auch Esens gewesen, nachdem Graf Enno III. in erster Ehe 1581 eine Rietbergerin geheiratet hatte: Walpurgis, deren Epitaph in der St. Magnuskirche zu sehen ist. In der Idylle dieser Jahre, die den Zusammenschluß des Harlingerlandes mit Ostfriesland vorbereiteten, versinken die bedrückenden Erinnerungen, die im Lande über die Schreckenstaten des Balthasar von Esens umgehen, versinken auch vor dem geruhsamen ländlichen Leben, das die kleine Stadt heute beherbergt, mit ihrem Kirchenplatz, dem schönen Hause der von Wangelin-Stiftung und dem alten Stadthaus als kulturellen Mittelpunkten. Das Stadtbild bewahrt darüber hinaus nur weniges aus seiner Geschichte. Esens hat aus erster Hand die Übergriffe des Bandenführers Ernst von Mansfeld zu spüren bekommen, als Graf Enno III. als dessen Gefangener in Esens festgehalten wurde, und 14 Monate lang die Soldateska wie in den Schilderungen eines Grimmelshausen auf die gequälte Bevölkerung losgelassen war. Nur ein Fünftel der Bevölkerung überlebte, nur ein Sechstel der Häuser blieb erhalten (1622). Was damals übrigblieb, hat ein verheerender Brand 1860 im inneren Stadtgebiet zerstört, bei welchem 135 Häuser niederbrannten.

Gleichwohl ist die Geschichte der Stadt Norden umfassender und bewegter. Ihre Frühgeschichte bis ins 16. Jahrhundert war als Handels- und Schiffahrtsplatz durch die Lage am Wasser bestimmt. Nach der bedeutenden Entwicklung, welche die kirchliche Baukunst nahm, die im Grafenchor ihren größten Baugedanken zu Ende führte, hatte der allgemeine wirtschaftliche Auftrieb eine mit Emden wetteifernde bürgerliche Kultur zur Entfaltung gebracht. Das mit schönem Treppenturm ausgezeichnete Rathaus und die Prunkseite des Schöningh'schen Hauses im Stil der Weserrenaissance, mit reichem plastischen Giebelschmuck, zeugen davon. Im Jahre 1662 wurde in den Formen des holländischen Klassizismus am Marktplatz ein Patrizierhaus erbaut, dessen weltliche Noblesse nicht erraten läßt, daß sich hinter seiner Pilasterordnung ein Gotteshaus der Mennoniten verbirgt. Die „taufgesinnte Mennonitengemeinde" führte ihren Namen nach Menno Simons, der um 1543 in Emden erschien und unter dessen Regie das Täufertum der Reformationszeit in die Ordnung einer Sekte reguliert wurde. Es hat im 17. Jahrhundert nicht an Konflikten mit Emden und dem Grafen gefehlt. 1535 war Norden eine städtische Ordnung verliehen worden, und so war die Stadt mit Emden und Aurich in der zweiten Kurie der ostfriesischen Stände vertreten. Durch seine gut geleitete Lateinschule und als Witwensitz Katharinas, einer Tochter Gustav Wasas von Schweden, welche die Ämter Norden und Berum verwaltete, ist die Bedeutung der Stadt um 1600 charakterisiert. Das Bild der „eigenwilligen alten Dame" ist allerdings zwielichtig. Als der regierende Graf Enno III. (1599–1625) versuchte, mit Zustimmung der Stände die Staatskasse durch eine Haussteuer, die sogenannte Schornsteinschatzung, für den Ankauf des Harlingerlandes liquider zu machen, widersetzte sich seine Mutter auf das schärfste. Eine regelrechte Rebellion mußte mit Waffengewalt niedergeschlagen werden, und Norden ging zeitweise seiner Stadtprivilegien verlustig. Wiederholt hat der Landtag in Norden getagt, 1665–1710 residierte die Nebenlinie der Grafen von Norden dort. Die Streitigkeiten mit den Emdern nahmen auch im 18. Jahrhundert kein Ende, so daß Norden zeitweise Emder Besatzung hinzunehmen hatte. Die grüne Stadtmitte des Marktplatzes blieb glücklicherweise erhalten, auch als der Verkehr zu den Nordseeinseln seinen Tribut im Stadtbild zu fordern begann. Die berühmten Kornbrennereien, die der Stadt mit Beginn des 19. Jahrhunderts neuen Aufschwung brachten, entstanden am Stadtrande. Auch der flüchtige Reisende wird bemerken, daß Norden in eine schöne Parklandschaft eingebettet ist, deren satter Reichtum Vergleiche mit Geldern oder Südengland nahelegt.

Für die Geschichte der Städte in Ostfriesland ist bezeichnend, daß der rege Handels- und Industrieplatz Leer, an der schiffbaren Leda unweit ihrer Mündung in die Ems gelegen, erst 1823 Stadtrecht erhielt! Unbeschadet der seit der Steinzeit nachgewiesenen Besiedlung, der kirchlichen Bedeutung als Sendkirche und Propstei, der gewerblichen Blüte der Leineweberei, die durch die vertriebenen Reformierten und Mennoniten wesentlich gefördert worden ist, hat erst die Neuzeit den eigentlichen Auftrieb gebracht. Als Handelsplatz blieb Leer bis 1808 im Schatten des Emder Stapelrechts. Als Hafen der Heringsloggerflotten, als größter Viehmarkt des Landes, durch die landwirtschaftliche Erschließung der Leda-Niederung, durch die alle zwei Jahre veranstaltete Ostfrieslandschau hat die Stadt einen Aufschwung genommen, der die geschichtlichen Stätten nahe dem Handelshafen von den geräuschvollen Durchfahrten in stille Winkel drängt. Die Sicht auf die alte Waage mit dem Rathaus, der Reformierten und der Lutherischen Kirche, mit der Haneburg und manchem schönen alten Bürgerhaus ist ebenso typisch wie reizvoll. Man spürt die Nähe zu Holland, doch ist diese gegenüber Emden um eine Phase verschoben. Leer hat seine das Stadtbild mitbestimmenden Bauwerke erst im 17. und 18. Jahrhundert erhalten. Man hat den Eindruck, in einer geschäftigen, lauten Stadt zu sein, deren gewerbliche und industrielle Zukunft noch vor ihr liegt, eine Prognose, die durch die Bevölkerungsbewegung bestätigt wird.

Im allgemeinen sind die neuzeitlichen Industrieanlagen außerhalb der Stadtkerne angesiedelt, auch Siedlungen, die sich mit Mittelpunktschulen, Gemeindezentren, Grünanlagen und dem Ortsstatut städtebaulich als wohlgeordnet erweisen. Dadurch haben viele Städte unter Erhaltung der zu Anlagen umgeformten Wälle viel von ihrer Eigenart, vor allem ihren Stadtraum, behauptet. Wittmund und Weener seien als Beispiele angeführt. Auch die Maßverhältnisse der Häuser in den Straßen stimmen noch, wo nicht die Großmannssucht des wilhelminischen Zeitalters Fremdkörper eingesprengt hat oder die Werbe- und Ausstellungstendenz unserer Tage die geschlossenen Wände der Häuser aufgebrochen und ihnen in den maßstablosen Schaufenstern optisch und statisch die Durchsichtigkeit eines Messestandes aufgenötigt hat.

Friedeburg. Stich nach Matth. Merian, 1647

Stützpunkte der Macht – der Häuptlinge innerhalb ihrer Bauernschaften und Herrlichkeiten, der Grafen über das ganze Land verstreut – sind die Burgen gewesen. Hart umkämpft wie sie waren, sind sie verschwunden, zerstört oder zu Schlössern umgebaut worden, die ihren Wehrcharakter nur noch andeuten, im übrigen aber in höfische Wohnkultur übergeführt wurden. Geschichtlich besonders bedeutsam waren die Burgen von Leerort, Stickhausen und Friedeburg. Merian überliefert die Friedeburg als bastionierte Wasserburg, mit Vorburg und Bergfried. Als die Anlage 1474 in der Fehde der Gräfin Theda eine Rolle spielte, dürfte kaum mehr als ein dicker viereckiger Turm gestanden haben, von Sümpfen umgeben und durch einen Damm mit der Straße verbunden, zu deren Schutz die Burg erbaut war. Die Gräfin hat nach dem Ausbau sogar eine Schiffsverbindung bis zur Jade hinauf geschaffen. 49 Tonnen Pulver wurden in den Fehden Edzards des Großen vor der starken Feste verschossen, die damals häufig den Besitzer wechselte, bis sie Edzard, nachdem die Besatzung „ein wenig zu lange geschlafen" hatte, in kühnem Handstreich nahm. Danach hat die Friedeburg bis 1763, als Friedrich der Große sie schleifen und die noch vorhandenen 13 Kanonen fortbringen ließ, keinen Feind mehr gesehen. [Textb. S. 47]

Unter den landesherrlichen Burgen war die Emder Feste wichtig. Aus Bauteilen des 15. bis 17. Jahrhunderts bestehend, war sie der Eckpfeiler der Stadtverteidigung. Ein Hauptturm beherrschte die Emsseite, an den langgestreckten Ufertrakt schließt sich ein Querflügel mit Turm und Treppenturm an. Zur Stadtseite ist die Burg durch eine Mauer (mit Tor) abgeschlossen. Gerrit E. Piloot hat im 17. Jahrhundert die trockengelegten Gräben nach der Stadt in seine kunstvollen barocken Gärten als Parterre eingefügt. Nicht minder berühmt war der Garten der „Julianenburg" am Schloß in Aurich, dessen Bau 1578 abgeschlossen, jedoch durch Befestigungen, Lustgärten und Nebengebäude ständig verschönert und erweitert worden ist. [Textb. S. 49]

Alle diese Burgen und festen Häuser sind nach der Regierungsübernahme durch Friedrich den Großen geschleift worden, teils, weil die Unterhaltung der sparsamen preußischen Regierung zu kostspielig erschien, teils – wie in Emden –, um aus den Abbruch-

Textb. S. 5 steinen eine Kaserne zu errichten, oder weil dem König die Erhaltung von kampffähigen Stützpunkten unzweckmäßig erscheinen mochte (Friedeburg 1763, Berum und Wittmund 1764, Emden 1765, Greetsiel 1778). Allein die Burg Aurich ließ der König bestehen, eine langgestreckte Anlage mit drei Rundtürmen. Heute repräsentiert allein die später erbaute Neue Kanzlei inmitten des Gebäudekomplexes der Bezirksregierung die Zeit der Cirksena (1464–1744). Das Schloß wurde erst 1852 unter Georg V. von Hannover erbaut.

44, 45 Den einstöckigen Burgentypus bewahrt die schöne Wasserburg in Hinte bei Emden. Hier, in der Nachbarschaft der gotischen Propsteikirche, hält die Zeit still, und trotz einiger Änderungen sieht sich der Mensch von heute unversehens in der Umwelt des alten Ostfriesland: die bäuerliche Vorburg, von wo der Rasen ansteigt, das Taubenhaus zwischen zwei Häusern, die Graft, über welche die Brücke zwischen zwei bedrohlich blickenden Wappenlöwen zu den quergestellten Treppengiebeln in den Innenhof führt. Nichts von künstlicher Konservierung; das Wohnen in dieser ländlichen Umgebung macht den Zauber aus, das Nebeneinander der bemoosten Ziegelwände, der Dachpfannen und der weißen Schiebefenster, deren Farben sich im Wasser spiegeln, aber auch der alte Garten mit den geschnittenen Alleen und der Blick über baumloses Weideland und Kanäle, auf ferne Türme und Windmühlen, gleich bewegend in den schwermütigen Tönen eines regenverhangenen Tages wie in der vollen Leuchtkraft des Sonnenlichtes über dem Meer.

27 Das Herrenhaus in Groothusen hat die behagliche Wohnlichkeit ländlicher Kultur, bei der dem Erbauer jeder Gedanke an Verteidigung ferngelegen hat. Dasselbe gilt von Schloß Philippsburg bei Loga, das ursprünglich einstöckig gewesen ist, wie Hinte und Groothusen. Graf Botho von Wedell ließ die Details aus den dreißiger Jahren des 18. Jahrhunderts bestehen und ein Mansarddach dem um ein Geschoß erhöhten Haus aufsetzen.

Die Pflege des unter Opfern gehaltenen Besitzes, wie die Grafen von Wedel (Gödens, Philippsburg), die Herren von Frese (Hinte) und die Fürsten zu Inn- und Knyphausen (Lütetsburg) dies seit Generationen tun, wird offenkundig, wenn man in dem schönen Wasserschloß zu Dornum den Aufwand und die nur langsam fortschreitenden Maßnahmen verfolgte, die für eine neue Zweckbestimmung und Konservierung des Schlosses erforderlich waren. Die verträumte Lage abseits des Fleckens inmitten eines Wäldchens, von
78 breitem Graben rings umzogen, so präsentiert sich die schöne Anlage mit Torturm, Vorburg und Schloß. Seitdem 1820 der Graf Münster für 165 000 Taler die Herrlichkeit erwarb, blieb das Schloß praktisch unbewohnt. So ist das Land heute vor erhebliche Opfer gestellt, das Erbe zu erhalten, dem Haro Joachim von Closter 1698–1717 die heutige
77 Gestalt gab, auch dem zierlichen Torturm, der – halb Pagode, halb Leuchtturm – den Barockstil der Niederlande in die Nachbarschaft des klassisch wirkenden Schlosses trägt.
79 Athena ist als Patronin im Giebeldreieck dargestellt. Möge die Schützerin der Künste und der Wissenschaften dem Schlosse im Sinne seines Erbauers freundlich gesonnen bleiben, wenn nach der Wiederherstellung nun die Arbeit der Kreismittelschule (seit 1948 eingerichtet) Park, Hof und Schloß mit jugendlichem Leben erfüllt, wo Hundegebell und Jagdhörner, wo höfisches Leben, das der Göttin gewidmet sein sollte, längst erstorben war!

Über Schloß Gödens breitet sich der Zauber der Romantik aus. Wenn man, von Dykhausen kommend, aus einer Eichenallee durch den Torweg den Bereich der Vorburg betritt, bietet sich der zur Realität gewordene Prospekt einer barocken Vedute dar: aus breitem Wassergraben erhebt sich der Zweiflügelbau des Schlosses, mit Treppenturm und Dachreiter, durch eine Brücke mit der Vorburg verbunden, deren stilvolle einstöckige Wirtschaftsgebäude den Ehrenhof begleiten wie Domestiken den Herrn. Die romantische Stimmung lebt aus der Einbettung in die Natur, deren mächtige Kastanien und Eichen, Ulmen und Kiefergestrüpp auf dem Wege zur Fasanerie den Blick auf das Schloß immer wieder verstellen oder das rötliche Mauerwerk nur gelegentlich durchschimmern lassen. Wäh-

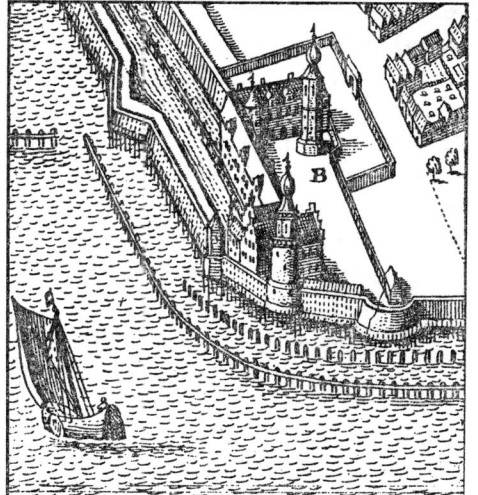

Emden, Schloß. Stich nach Matth. Merian, 1647, Ausschnitt

rend die Rückfront den Festungscharakter der turmartigen Risalite unterstreicht, ist die Fassade durch den Treppenturm und die Kolossalordnung des Hauptportals mit barocken Mitteln „dramatisiert". Im Festsaal, der zwei Geschoßhöhen einnimmt, bestätigt sich dieser Eindruck. Die Ahnenbilder illustrieren die Geschichte der Familien Frydag und Wedel zwischen dem Kaiserhof in Wien, Preußen und dem ehemaligen Schloß Evenburg bei Leer. Die hohen Wandgemälde mythologischen Inhalts verbinden sich mit reich eingelegten holländischen Möbeln zu einem Ensemble von bedeutender Qualität. Ähnlich wie im Huis ten Bosch im Haag sind diese auf Leinwand gemalten Bilder in ihrer überschäumenden Pracht der Rahmen für die Kostbarkeit des für Konzerte offenstehenden Saales, wobei sie den Sinn einer dieser Allegorien interpretieren, nämlich wie Recht und Kultur über rohe Gewalt siegen.

Solch barockes Lebensgefühl, sonst dem strengen Geiste des Landes fremd, begegnet nur noch in dem zweiten großen Wasserschloß Ostfrieslands, in Lütetsburg bei Norden. Die Chronik von Lütetsburg ist eine Geschichte des Landes, ja, sie öffnet durch bedeutende Persönlichkeiten aus dem Hause Knyphausen, welches das Erbgut der Häuptlinge und Grafen blutsmäßig fortführt und 1900 gefürstet wurde, Ausblicke und Perspektiven in die europäische Geschichte. 1893 war das Schloß während der Weihnachtstage von einem Brand verheert worden, unendlich viel Kunstgut, darunter zahlreiche Familienbilder, gingen verloren, Schmuck, Porzellan, eine Gemäldegalerie des 17. bis 18. Jahrhunderts. Der tatkräftig vom Fürsten Edzard, der 1908 als Präsident des Preußischen Herrenhauses starb, geförderte Wiederaufbau trug den Glauben an den Fortschritt in den Formen einer an Schloß Frederiksborg angelehnten schmuckfreudigen niederländisch-dänischen Renaissance zur Schau. 150 schwere Bomben im März 1944 fügten dem Bau, der für die Ewigkeit gebaut zu sein schien, schwerste Schäden zu. 1957 brannte der schon bei Kriegsende beherzt aufgenommene abermalige Wiederaufbau nieder. Das heute sich hinter einem seebreiten Graben darbietende Schloß, ein wenig kühl noch in seiner architektonischen Isolierung, verzichtet auf die massierte Gruppe mit den betonten Vertikalen, welche die Abbildungen des Schlosses nach 1893 zeigen, insofern eher den Maßen des Barockbaues um 1750 folgend. Die schöne Vorburg hat damit ihr Gewicht zurückerhalten, nicht allein architektonisch, auch kulturell und im Stil der Verbundenheit des alteingesessenen Geschlechtes zu der Landschaft und ihren Menschen, einschließlich der zahlreichen Mitglieder mehr oder weniger eng versippter Familien, die in Lütetsburg nach der Austreibung aus den ostdeutschen Provinzen erste Aufnahme gefunden haben, Beruf und Erwerb: ein Weiterleben der Hospitalität, die derjenigen der Vorfahren in Zeiten der Glaubenskriege und der Verfolgungen in nichts nachstand.

Teils in den Originalen auf Gödens, teils in Photographien, die kurz vor der Brandkatastrophe aufgenommen waren, stellen sich aus allen Jahrhunderten die Damen und Herren von Lütetsburg vor, beginnend mit Unico Manninga, der den Dichter des Freiheitsliedes „Wilhelmus von Nassauen" einst im neuerrichteten Lütetsburg als Flüchtling aufnahm, das Fideikommiß begründete und seine einzige Tochter Hyma dem Reichsfreiherrn Wilhelm von Knyphausen vermählte. Getreulich haben die neuen Herren die von ihm begonnene Chronik fortgesetzt, die ein durch alle Stile und Lebensformen bis in unsere Zeit beschriebener „Schatzbehalter" ostfriesischer Geschichte und ostfriesischer Menschen ist. Reichsfreiherr Dodo (1583–1636), dessen Leben geradezu ein Inbegriff für die Schicksale eines Condottiere in dem Auf und Nieder des Dreißigjährigen Krieges ist, führte bei Lützen die Infanterie und hat den siegreichen Ausgang der Schlacht mitentschieden. Sein Namensvetter Dodo II. (1641–1698) war Hofkammerpräsident des Großen Kurfürsten, „ein staatsmännisches Talent von hohen Graden". Zwei friderizianische Minister stellte das Haus Knyphausen. Edzard Mauritz (1748–1824) war Präsident der ostfriesischen Stände, eine Persönlichkeit, die durch „Bescheidenheit und feines, zartes Gefühl bei männlich kräftiger Denk- und Handlungsart" den Bildungsstand eines Edelmannes zwischen Revolution und Wiener Kongreß schlechthin vollendet repräsentiert. Der Königl. Hannoversche Gesandte Carl Wilhelm Georg (1784–1860), vom berlinischen Maler Franz Krüger 1852 porträtiert, steht zwischen den Zeiten, die sein Sohn Edzard (1827–1908) nach dem Ende der Welfenherrschaft im vollen Glanze des Bismarckreiches an verantwortlicher Stelle erlebte, mitbestimmte und – kritisch würdigte. Geben wir Theodor Fontane das Wort, der 1880 in Lütetsburg war und auch in den folgenden Jahren von Norderney aus die Verbindung aufrecht erhielt. Er schreibt seiner Frau am 22. 7. 1880 aus Lütetsburg: „Es ist schön hier! Vornehme, charaktervolle und überaus wohlwollende Wirte, dazu acht Komtessen von siebzehn bis fünf und ein kleiner Graf von etwa sechs Jahren. Natürlich auch Besuch. Die Ausbeute, die mir das Familienbuch gewährt, ist noch größer, als ich erwartete. Wahre Schätze!" Über die politische Atmosphäre auf Lütetsburg vermerkt er am 12. 8. 1882 aus Norderney: „Sie sind alle – namentlich auch sie, die Gräfin – von großer Liebenswürdigkeit, einfach und natürlich und in politischen Dingen ungeheuer freiweg." Schlagender konnte die „Friesische Freiheit", konnten die Kernsätze E. M. Arndts nicht bestätigt werden als durch das brillante Reparti des Dichters aus der Mark, der den Adel kannte wie kein anderer.

„Ein herrlicher Park im baumlosen Land": wie er sich heute dem Besucher darbietet, ist seine „englisch-chinesische" Anlage die Idee des Grafen Edzard Mauritz gewesen, der seit

1790 planmäßig die regelmäßigen Parterres, die geraden Achsen der Barockanlagen aufzugeben begann und Park und Wald zu einer „Insel des Naturschönen" umgestaltete. Er hat diesen Landschaftsgarten im frühromantischen Stil mit großer Gesinnung, mit Pathos und Sentiment im Geiste J. J. Rousseaus als eine Weltanschauung vor sich gehabt, erlebt und gedeutet. „Der Garten wollte gewissermaßen als Gleichnis des menschlichen Daseins betrachtet sein, eine Parkwanderung als ein Fortschreiten durch die Bezirke geistiger Entwicklung, dargestellt durch Pflanzen, Monumente und Inschriften" (von Alvensleben). Hatte der Begründer des Parks mit vollem Vorbedacht ein Lebenswerk in Angriff genommen, so fordert die traditionelle Gartenleidenschaft auch heute noch Stilgefühl und Opfer. Bis 1932 drohte das gewaltige Wachstum der Baumriesen eine Märchenstimmung wie in einem urwaldartigen Naturschutzgebiet herbeizuzaubern. Seither ist der Park ständig verjüngt worden. Fürst Wilhelm Edzard, Botaniker und Dendrologe, verstand es, einen herrlichen Blütenflor von exotischer Pracht mit kunstvoller Führung der weich beuferten Wasserläufe zu einem Parkerlebnis von erlesener Seltenheit zu verbinden. Allgemach geht die geordnete Kunst der Parklandschaft über in die Großartigkeit der umrahmenden Wälder: Weißtannen, Eichen und Kryptomerien werfen ihr Spiegelbild aus dunklen Wassern zurück. Auf den Wipfeln horsten Reiher und Kormorane.

Wem die an Sein und Vergänglichkeit gemahnenden Inschriften als zeitgebundenes Gefühl, wem die Grabsteine auf der „Insel der Seligen" als vergängliche Zeichen privater Pietät erscheinen mögen: dem wird solche Oase in der waldarmen friesischen Marsch eine unverlierbare Erinnerung bleiben. Unversehens mündet Vergangenheit in Gegenwart, und aus dem Kranz der Türme von Hage, Marienhafe, Norden und dem fernen Meer schließt sich der Rahmen um das Bild dieser Landschaft: Ostfriesland.

Und noch einmal Theodor Fontane:

Durch Dämme geschützt vor der stürmenden Flut,
Manch geräumiger Hof, manch reiches Gut,
Viel wogendes Korn und Vieh auf der Weide
Und mahlende Mühlen und schweigende Heide.

ZU DEN BILDERN

Umschlag- und Titelbild: Greetsiel. Der holländische Gemälde des 17. Jahrhunderts in Erinnerung rufende idyllische Sielhafen liegt unmittelbar vor dem verschließbaren Siel (Deichschleuse), ist also der vollen Tideeinwirkung ausgesetzt. Nahebei befindet sich ein modernes Schöpfwerk. Das erste Siel war bereits von Ulrich Cirksena 1471 angelegt worden.
Die Giebel des Hohen Hauses von 1619 und des Halemschen Hauses von 1794 sind z. T. noch Zeugen der Schaffenszeit des großen Friesenchronisten Ubbo Emmius gewesen, der 1547 in Greetsiel geboren worden ist.

Farbbild S. 15: Aurich. Staatsarchiv. Vornehme Frau in ostfriesischer Goldtracht. Aus dem Trachtenbuch des Unico Manninga. Wasserfarbe auf Pergament. 1561. Der Häuptling Unico Manninga (1529 bis 1588) hat 1561 in dem von ihm eigenhändig geführten Hausbuch die Trachten aus der Zeit um 1500 festgehalten und damit das älteste deutsche Trachtenwerk fertigen lassen. Für die Vorlagen stützte er sich auf Kleidung und Schmuck seiner Großmutter Hysa von Visquard. Der kostbare Goldschmuck, der über dem roten Kleid getragen wird, bestätigt die Angabe des Chronisten Eggerik Beninga, die Friesen hätten das auf Karl den Großen zurückgeführte Privileg besessen, daß sie Gold an ihren Häuptern bis zu ihren Füßen herab tragen durften, soviel ein jeder bezahlen könne. Die junge Frau trägt ein Diadem, „Pael" genannt, den aus Rundfibel und Ketten bestehenden Brustschmuck (Esschart), Glöckchen auf den Schultern und Armen und den von vorn und hinten in vier Bahnen aufgenähten schweren Plattenschmuck des Kleides (Schersson).
(Mit Genehmigung des Leihgebers Seiner Durchlaucht Fürst zu Innhausen und Knyphausen auf Lütetsburg.)

1. *Aurich. Straßenbild mit Blick auf den Glockenturm der St. Lambertikirche.* Der freistehende Turm, dessen schwerem Backsteinsockel 1660–62 eine Galerie mit achteckig gebrochener Glockenstube und hölzernem Helm aufgesetzt wurde, ist das Wahrzeichen der Residenz- und Regierungshauptstadt Aurich.
Die mittelalterliche Kirche ist 1826–1835 durch eine klassizistische Predigtkirche mit umlaufenden Emporen ersetzt worden. Die nach Plänen von C. B. Meyer (seit 1821) ausgeführte Innenarchitektur ist durch Eingriffe in neuerer Zeit verändert worden.

2. *Aurich. St. Lambertikirche. Christus vor Kaiphas. Flügelbild vom Ihlower Altar.* 1529 ist das 1228 begründete Zisterzienserkloster Ihlow bei Aurich aufgelöst worden. Nach der Überlieferung wurde der Flügelaltar damals nach Aurich verbracht. Durch die eingebrannte Marke der Lukasgilde ist das Schnitzwerk des Altares als Antwerpener Arbeit beglaubigt. In der Kaiphas-Szene fesselt das Nebeneinander der biblischen Gestalten und des mit individuellen Zügen dargestellten Stifters, der als Zeuge der Passion neben Christus kniet. Um 1510–1520. Angeblich hat der Konvent den Altar vor 1517 in Auftrag gegeben.

3. *Aurich. Reformierte Kirche. Einzelheit aus dem Innenraum, Orgelseite. 1814.* Die 1812–1814 von dem ostfriesischen Architekten C. B. Meyer in elegantem Klassizismus erbaute Kirche ist ein rechteckiger Backsteinbau, dessen von dorischen Säulen getragene Vorhalle sich zu einer Rotunde öffnet. Der Zusammenklang aus Form und Farbe ist dank einer guten Wiederherstellung beispielhaft für den Zeitstil zu Beginn des 19. Jahrhunderts. Orgel von 1838 (G. S. Janssen).

4. *Aurich. Neue Kanzlei, 1731/32.* In dem aus Amsterdam bezogenen schmiedeeisernen Balkongitter des langgestreckten Kanzleibaues wiederholt sich das verschlungene Monogramm des Erbauers, des vorletzten Cirksena-Fürsten Georg Albrecht (1708–1734). Auf dem Gelände einer Vorburg zur Cirksena-Burg von 1447 errichtet, übernimmt der zweistöckige Bau Teile eines abgebrochenen Renaissancebaues von 1587, u. a. die Tudorbögen des Laubenganges. Die weltmännische Eleganz erhielt der als Marstall und als Behördensitz genutzte Neubau durch den Bremer Stadtbaumeister Gieseler Warneck (gest. 1754), der sich auf einen Entwurf des friesischen Hofbaumeisters Anton Heinrich Horst stützte.

5. *Aurich. Blick auf die Regierungsgebäude.* Das von einem Turm überragte Schloß, heute Sitz der Regierung, wurde 1852 anstelle der 1447 hier gegründeten Häuptlingsburg der Cirksena errichtet. Friedrich der Große ließ nach Übernahme durch Preußen alle fürstlichen Schlösser, mit Ausnahme desjenigen in Aurich, schleifen.

6. *Aurich. Mausoleum. Zinnsarkophag der Fürstin Christine Charlotte mit dem Allianzwappen Ostfriesland-Württemberg (gestorben 1699).* 1876 wurden die Gebeine von 46 ostfriesischen Fürsten aus dem Hause Cirksena und ihren Familienmitgliedern in ein neuerrichtetes oktogonales Mausoleum übergeführt, nachdem die Särge bis dahin in einem 1707 von Christian Eberhard errichteten Gewölbe gestanden hatten.
Unter den schlichten Särgen zeichnen sich die skulpierten Zinnsarkophage der Fürstin Christine Charlotte, einer geborenen Prinzessin von Württemberg, und ihrer Schwester Eberhardine Sophie aus. Fürst Christian Eberhard hat sie bei dem aus Dorum (Land Wursten) stammenden Zinngießer Menso Hoyer in Amsterdam in Auftrag gegeben. Die Sarkophage wurden 1705 nach Aurich geliefert.
Das prunkvolle Begräbnis, das der „großen Dame der Barockzeit", die 1665–1690 die Regentschaft geführt hatte, ausgerichtet wurde, hat in dem aus feinstem englischen Zinn gefertigten Sarkophag eine die Zeiten überdauernde Form gefunden. (Signiert am Fußende des Sargdeckels: „Menso Hoyer me fecit Amstelnedami 1705")

7. *Rahe bei Aurich. Der Upstalsboom, „Nationalheiligtum der Friesen". Pyramide und Gedenktafel von 1833.* Der in der Feldmark von Rahe zwischen Aurich und Oldersum gelegene Upstalsboom war ursprünglich ein vorgeschichtlicher Grabhügel, wie aus Urnenfunden geschlossen werden darf. Abgesandte der sieben freien Seeländer trafen sich seit 1216 am Upstalsboom, um in Wahl und Gericht dem Fehdewesen zu wehren. Als die Häuptlinge im 14. Jahrhundert die Herrschaft übernahmen, ging die Macht des Upstalsbooms-Verbandes zurück, doch blieben Wappen und Tradition bis heute in dem Kulturparlament der „Ostfriesischen Landschaft" lebendig.
Der bereits im 18. Jahrhundert als von einem Graben begrenzter Hain beschriebene Hügel bietet sich auch heute noch als stille Stätte dar, wenn nicht der traditionelle Ostfriesentag (10. Mai) ihn in den Mittelpunkt des Landes stellt.
Die schlichte, aus Feldsteinen errichtete Pyramide, bei deren Bau man eine Urne und ein Schwert ausgrub, wurde 1833 zum Gedächtnis der in den Befreiungskriegen bei Ligny und Waterloo gefallenen Ostfriesen gestiftet.

8. *Wiesens. Dorfkirche von Osten.* An der dem Ende des 13. Jahrhunderts entstammenden Kirche sind zum Teil schwarz-rot gebrannte Steine in rhythmischem Wechsel vermauert. Der überwölbte rechteckige Chor ist im 15. Jahrhundert an die Stelle einer halbrunden Apsis getreten.

9. *Riepe. Kirche mit dem „Teebüchse" genannten Turm.* Die auf hoher Warf das schöne Straßendorf überragende einfache Backsteinkirche (mit Holztonne und Empore im Inneren) gewinnt weithin sichtbares Profil durch den 2,50 Meter von der Nordseite entfernten Glockenturm, über dessen massivem Unterbau sich in zwei Absätzen die schiefergedeckte welsche Haube („Teebüchse") erhebt. An ihm findet sich die Inschrift: „AD 1554. Durch die Flut ruiniert 1717. Renoviert 1730."

10. *Blaukirchen. Verlassener Friedhof.* Die Bevölkerung hat die unweit des Großen Meeres im Kreise Aurich gelegene Kirche von Blaukirchen nach Forlitz verlegen und ihren alten Friedhof verlassen müssen, da der Uferrand nicht mehr standhielt. 1848 wurde die neue Kirche, zum Teil unter Fortbestand von altem Inventar, eingeweiht. Einsam und an die Romantik eines Caspar David Friedrich erinnernd ragen die eisernen Grabkreuze gen Himmel.

11. *Aufgeschlickter Polder bei Emden.* In dem weiten Gebiet an der Knock zwischen Emden und Rysum wird planmäßig an der Landgewinnung gearbeitet. Der Schlick wird in Rohrleitungen über Land transportiert. Wie dessen Brücke sich wie eine graphische Form vom Himmel abzeichnet, so liegt der aufgeschwemmte Boden, wenn er unter der Sonne austrocknet, als tief gerissenes, fast geometrisch regelmäßiges Muster zutage.

12. *Emden. Blick vom Rathausturm gegen die Neue Kirche.* Der Wiederaufbau der 1944 völlig zerstörten Altstadt Emden hat sich in den Maßen und im Werkstoff nach dem Vorbild der als „engmaschiges Straßen-Gitternetz" angelegten alten Stadt gerichtet, ohne im Detail in sklavische Kopie zu verfallen (vergleiche Textabb. Seite 43). So hat man sich entschlossen, die Ruine der Großen Kirche St. Cosmas und Damian am Ende des ältesten Siedlungskernes nicht wiedererstehen, sondern als Erinnerungsstätte an ihre einstige Mission als Mutterkirche der reformierten Gemeinden in den Niederlanden und in Niederdeutschland bestehen zu lassen. So ist das Rathaus nicht rekonstruiert, sondern in freier Abwandlung neuerstanden (Bild 15).
Der Blick geht auf die Achse des östlich der Ratsdelft gelegenen Ortsteils Faldern, der nach Erlangung des Stadtrechtes befestigt wurde und wo nach Beschluß des Kirchenrates von 1641 die reformierte Neue Kirche erbaut worden ist.

13. *Emden. Die Neue Kirche. 1643–1647 erbaut von Martin Faber.* Die Errichtung einer dritten Kirche trägt der steigenden Einwohnerzahl der um die Wende zum 17. Jahrhundert mächtig aufgeblühten Handelsstadt Emden Rechnung. Den Auftrag erhielt der seit 1631 als Ratsherr, 1632 als Deputierter zum Fortifikations-Werk und 1634 zum Stadt-Ingenieur avancierte, weitgereiste Martin Faber. Die im Grundriß eines halben griechischen Kreuzes (Textabbildung Seite 37) in Ziegeln errichtete Predigtkirche, deren vier Giebeldächer sich kreuzförmig über dem Zentralbau schneiden und deren Turm in der Kaiserkrone endet, ist beeinflußt von der 1620 von Hendrik de Keyser erbauten Noorderkerk in Amsterdam. Die Emder Kirche wiederum hat zurückgewirkt auf die Noorderkerk in Groningen, mit deren Bau 1660 begonnen wurde.

14. *Emden. Das Hafentor von 1635, im Hintergrund das Rathaus.* Entworfen von Martin Faber (vergleiche Bild 13), ist das Hafentor als einziges Zeugnis der zahlreichen Tore, Türme und Befestigungen, die es im alten Emden gab, auf uns gekommen. Im gebrochenen Giebel ist das Emder Stadtwappen angebracht. Entstanden 1635, renoviert 1719.

15. *Emden. Blick gegen das Rathaus, wiedererstanden 1958–1962.* Die „Krone der Stadt und Wahrzeichen der Seegeltung Emdens im Zeitalter der Reformation", das stolze Rathaus des Laurens van Steenwinkel (1574–1580), sank 1944 in Schutt und Asche. An gleicher Stelle wurde 1958–1962 von Bernhard Wessel ein Neubau errichtet, der Grundgedanken, wie den aus der Mitte der Achse gerückten Turm und die darunter liegende Durchfahrt zwar übernahm, jedoch auf historisierende Wiederholungen bewußt verzichtet hat. Der aus Backstein und Grauwerk errichtete kupfergedeckte Bau ist städtebaulich mit dem niedergesetzten Parterre „Am Delft" und der in den Maßen und im Werkstoff gut geordneten Brückstraße verspannt.

16. *Emden. Rathaus. Glasfenster aus der „Sekretkammer", Moses und Justitia. 1576–1578.* Acht große Glasfenster hat 1576–1578 der aus Amsterdam nach Emden übergesiedelte „Glasschrijwer" Johann Janssen für die „Sekretkammer" – das Beratungszimmer von Bürgermeister und Rat – ausgeführt. Sieben davon haben sich als ein vor dem Untergang bewahrtes Kleinod in der Renaissancehalle des Rathauses erhalten.
Links: Moses mit der Gesetzestafel, darunter das Jüngste Gericht und Widmungsinschrift des Bürgermeisters Petrus Medmann.
Rechts: Die Gerechtigkeit mit Schwert und Waage, darunter weltliches Gericht, vor dessen Richter Klugheit, Gerechtigkeit, Tapferkeit und Mäßigkeit auftreten. Widmungsinschrift des Bürgermeisters Dr. jur. Johannes Luchting.

17. *Emden. Rathaus. Blick in die Rüstkammer: halbe Harnische. 17. Jahrhundert.* Eine Rüstkammer ist in Emder Stadtrechnungen 1562–1565 überliefert. Darin sind Waffenkäufe belegt, die sich auch 1568–1575 wiederholen. Ausrüstungen für Kriegsschiffe waren zu beschaffen, um die Freibeuter auf der Ems zu bekämpfen, den Bedrohungen durch Alba war Widerstand zu leisten. Die Stadt wurde in Bürgerkompanien aufgegliedert, deren jede den Befehlen von drei Offizieren unterstand. 1617 waren 286 ganze Rüstungen vorhanden. Heute wie damals ist die Rüstkammer in ihrer Ge-

samtheit und ihrer historischen Beziehung zum Standort im Rathaus eine Sehenswürdigkeit hohen Ranges.

18. *Emden. Löschen im Erzhafen.* Die „Wasser"-Landschaft des alten, ursprünglich an einer Emsschleife künstlich und kunstvoll begründeten Handelsplatzes Emden wurde im 19. und 20. Jahrhundert durch den Bau wichtiger Kanäle und durch die Anlage von umfangreichen Hafenbecken, von Industrie- und Wohnanlagen zur Seehafenstadt erweitert. Die Stadt ist im Zweiten Weltkrieg zu 78 % vernichtet worden; die Hafenanlagen blieben erhalten. Emden entwickelte sich zum drittgrößten deutschen Seehafen, insbesondere als Spezialhafen für Kohle, Erz, Brot- und Futtergetreide. Leistungsfähige Werften („Rheinstahl-Nordseewerke"), Heringsfang und landwirtschaftliche Verarbeitungsbetriebe kennzeichnen das Gegenwartsleben in der größten Stadt Ostfrieslands.

19. *Borkum. Der Alte Leuchtturm. Ausgebaut 1576.* Inmitten des Ortes gelegen, ist der Alte Leuchtturm noch heute ein Wahrzeichen Borkums, obwohl seine Funktion auf der weit in das offene Meer vorgeschobenen Insel längst durch den „großen" Leuchtturm übernommen worden ist. Ursprünglich war er der Turm einer Inselkirche. 1576 ließ die Stadt Emden ihn zu einem Seezeichen ausbauen.
Borkum, „ruhig inmitten der Wogen" etwa 15 Kilometer vor der holländischen Küste gelegen, hat seine Bewohner vorwiegend vom Walfang ernährt, ehe es seit 1850 als Seebad berühmt wurde.

20. *Campen. Marsch und Meer.* In der Krummhörn erstreckt sich längs der Küste die alte Marsch, deren „schwere Klei" geringen Humus- und Kalkgehalt hat.

21. *Groothusen. Baumallee im Schloßpark.* Nur wenige Kilometer von der Küste entfernt, ergeht man sich durch baumschlanke Alleen des Schloßparkes von Groothusen, an deren Enden der Besucher an steinernen Bildwerken vorbei hinausblickt in die Weite der Marschen oder die Achse auf die Osterburg gewinnt.

22. *Groothusen. Pfarrkirche von Südwesten.* Die mit einem wuchtigen Ostturm nachträglich ausgestattete Kirche ist eine der sechs münsterschen Propsteikirchen des alten Emsgaues. Das Schiff, in gotischen Formen im ersten Viertel des 15. Jahrhunderts erbaut, setzt sich gegen eine romanische Apsis ab, unter der früher eine Krypta lag.
Wahrscheinlich hat in Groothusen schon im 8. Jahrhundert eine Holzkirche gestanden. Sie hat den westlichen Abschluß eines langgestreckten Warfdorfes gebildet. Wie auch in Nesse und Grimersum kann in Groothusen aus Grabungen auf ein Wikdorf, das heißt einen Handelsplatz wandernder Kaufleute geschlossen werden. Mit der Bedeichung im 13. Jahrhundert haben diese Warfdörfer in der Krummhörn ihre Bedeutung als Handelsplätze an die Städte verloren.

23. *Groothusen. Pfarrkirche. Schallöffnungen und Uhr am Turm.* Glocke von 1526. Die heraldischornamentale Zierform der Uhr vom Ende des 16. Jahrhunderts stimmt stilistisch mit Grabplatten in der Kirche überein.

24. *Groothusen. Pfarrkirche. Grabstein der Frau Adda van Meckenborch. Blaustein 1590.* Streng und durchaus im Einklang mit der Mode um 1600 ist die als Witwe verstorbene Herrin von Groothusen dargestellt, deren Familie Beninga seit dem 15. Jahrhundert in heftige Fehden mit anderen Häuptlingsfamilien und gegen die Hamburger verwickelt war.

25. *Groothusen. Pfarrkirche. Bronzene Taufe. Gegossen 1454 von Ghert Klinghe.* Auf dem Kessel ist die Kreuzigung inmitten der Standfiguren von Aposteln, der Madonna und des hl. Mauritius dargestellt. Die jugendlichen Diakone als Tragefiguren stimmen mit den Köpfen am Beckenrand überein. Früheste Arbeit dieser Gruppe, noch mit Merkmalen des „weichen" Stils, zart und lyrisch. Datiert und signiert. Am unteren Rande steht u. a. zu lesen:

en vat der renichheit bin ik gheheten
Dat Kerspel mi laten gheten.
Ghert klinghe mi ghegotne hat.

26. *Groothusen. Steinernes Giebelhaus von 1637.* Das im wesentlichen noch aus seiner Entstehungszeit erhalten gebliebene Giebelhaus wurde gebaut, als Tedo Wilhelm Frese Häuptling von Groothusen war.

27. *Groothusen. Die Osterburg, im 18. Jahrhundert als Nachfolgerin einer Häuptlingsburg errichtet.* Das schlicht-vornehme einstöckige Herrenhaus unter dem hohen Dach steht in der Hauptachse einer hufeisenförmigen Anlage, die von einer Wassergraft umgeben ist.
Ursprünglich hatte Groothusen drei Burgen, von denen zwei 1476 von den Hamburgern zerstört wurden. Die alte Osterburg, am Rande des alten Warfendorfes gelegen, ist im 15. Jahrhundert im Schutze der Deiche errichtet worden.

28. *Loquard. Pfarrkirche. Passionsaltar. Niederrheinisch um 1510–1520.* Die vielfigurige Passionsszenerie, in zwei Estraden übereinander angeordnet, gipfelte ursprünglich in einer Kreuzigung „mit Gedränge". Aus dieser bereits im 19. Jahrhundert als unvollständig überlieferten Komposition erklärt sich die überhöhte Schreinmitte. Auch die Flügelgemälde sind verloren.
Die Anordnung der einzelnen Gruppen und ihre Zusammenfassung im Mittelschrein kehren in ähnlicher Weise auf westfälischen Tafelbildern des 15. Jahrhunderts wieder. Auch flämische und niederrheinische Schnitzaltäre sind verwandt.
Da sich das geschnitzte „Faltwerk" der Predella übereinstimmend am Fuß der Orgel in der Pfarrkirche von Rysum findet, die 1513 der Häuptling Victor Frese gestiftet hat, ist auf den gleichen Stifter auch für den Altar in Loquard geschlossen worden.

29. *Loquard. Pfarrkirche. Christus unter dem Kreuz und die hl. Veronika. Einzelheit aus dem Passionsaltar.* Der Ausschnitt läßt die Ausdrucksmöglichkeiten des wohl am Niederrhein beheimateten Schnitzers erkennen. Flämische Importarbeiten wirken daneben „perfekter", ohne den physiognomischen Reichtum der volkstümlichen Typen zu erreichen.

30. *Landschaft in der Krummhörn mit Blick auf Pilsum.* Die Umrisse der Dörfer und Flecken stehen wie gestochen gegen den hohen Himmel. Die Straßenbäume und die Türme wirken als Richtungsweiser. So hat der Kirchturm von Pilsum jahrhundertelang den Schiffern als Seezeichen zum Ansteuern der Oster-Ems gedient.

31. *Das Ortsbild von Pilsum.* Auch aus der Nähe betrachtet, behält der Kirchturm mit dem schweren, von Blendnischen gegliederten Sockel seine beherrschende Vertikale, unter die sich die Bauernhäuser und Stallungen mit den tief heruntergezogenen mächtigen Dächern lagern.

32. *Pilsum. Pfarrkirche von Südwesten.* Die um die Mitte des 13. Jahrhunderts erbaute einschiffige Kreuzkirche, die im 14. Jahrhundert ihren gewaltigen Vierungsturm erhielt, ist eine der schönsten Kirchen des Landes. Die Gliederung des Turmes und der gerautete Giebelschmuck des Querhauses setzen sich kräftig gegen die flachen Rundbögen am Langhaus ab. Ein niedriger Glockenturm steht abseits.

33. *Pilsum. Blick in die Vierung nach Norden.* Das flachgedeckte Schiff öffnet sich zu achtteiligen kuppeligen Kreuzrippengewölben in Chor und Querhaus. Westfälischer Bautradition entsprechend, laufen im Chorgewölbe die Rippen zu einem hängenden Schlußzapfen zusammen.
Es wäre wünschenswert, wenn die Eingriffe der Restaurierungen von 1869 und 1898 beseitigt, auch das übertünchte Kreuzigungstympanon am Südportal freigelegt würden.

34. *Pilsum. Pfarrkirche. Bronzene Taufe. Gegossen 1469 von Hinrich Klinghe.* Gegenüber der Taufe in Groothusen (Bild 25) ist der Typus zu figurenreicherem, plastischer gewordenen Relief abgewandelt. Die breite Inschriftleiste am unteren Rande trägt das Datum 1469; der Gießer Hinrich Klinghe signiert sich in der oberen Umschrift, welche die Namen der Heiligen verzeichnet.

35. *Pilsum. Pfarrkirche. Die Hll. Paulus und Andreas, Stierkopf des St. Lukassymbols. Einzelheit von der Taufe.* Ikonographisch ist die Darstellung der Evangelisten mit menschlichen Körpern, welche die Köpfe der Symbole tragen, bemerkenswert. Die Modellierung läßt zwar die Gußhaut stehen, arbeitet aber auch – bei der Schrift und den Reliefs – mit graphischen Eintragungen nach.

36. *Campen. Pfarrkirche. Blick in das mit Maßwerk, Rippen und Malerei verzierte Kuppelgewölbe.* Die in Pilsum (Bild 33) sichtbare Gewölbeform ist in der Ende des 13. Jahrhunderts entstandenen dreijochigen Einraumkirche in Campen zu reichster Entfaltung gebracht. Die kugelige Gewölbefläche des mittleren Joches ist oberhalb der Gurt- und Schildbogenscheitel von einem Ring geschlossen, dem 16 Kleeblattbögen radial zugeordnet sind.
Die Profile und die Malereien (Jagdszenen) wurden 1938 nach originalen Resten in leuchtenden Farben wiederhergestellt.

37. *Eilsum. Pfarrkirche. Inneres des gewölbten Einraumes mit der Bemalung aus der Erbauungszeit.* Die in den letzten Jahren (seit 1963) freigelegte Bemalung – rot-grau abgesetzte Rippen, Schild- und Gurtbögen und stilisierte Lebensbäume – widerlegt die Behauptung, daß alle Backsteinkirchen gleichmäßig gekalkt waren oder gar der rote Backstein sichtbar stehen gelassen wurde.

38. *Eilsum. Pfarrkirche. Der Markuslöwe von der Chormalerei eines thronenden Weltenrichters. Um 1240.* Die Einzelheit läßt die bedeutende Qualität dieser figürlichen Malerei ahnen. Christus selbst, umgeben von den Aposteln, ist nur fragmentarisch erhalten. Das reichhaltige Programm und die bewegte Faltensprache seines Gewandes stellen diese neu aufgedeckten Wandmalereien an die Seite der berühmten Fresken des staufischen Jahrhunderts (Goslar, Köln, Gurk).

39. *Eilsum. Pfarrkirche von Süden.* Die Eilsumer Kirche, um 1240–1250 als gewölbter Einraumbau von bedeutenden Ausmaßen begonnen, ist die einzige Chorturmkirche in Ostfriesland, das heißt, der Turm war von Anbeginn an dieser Stelle geplant. Er ummantelt eine halbrunde Apsis. Trotz gefährdetem Erhaltungszustand zeigt das Langhaus noch die ursprüngliche zweistockig übereinander geordnete Flachbogenstellung.

40. *Greetsiel. Brücke von 1708 und Barockgiebel.* In dem malerischen Sielort stand die Stammburg der Cirksena. 1462 wurde Edzard der Große in Greetsiel geboren. Doch begegnet man dort heute nur noch Denkmälern aus der preußischen Zeit, die damit begann, daß der Große Kurfürst zur Herstellung der Ordnung im Lande 1682 Truppen landen ließ. 1744 fiel das Land an Preußen. So zeigt die 1708 erbaute, 1798 renovierte Brücke den gekrönten preußischen Adler.

41. *Windmühlen bei Greetsiel.* Das Mühlensterben wandelt das Landschaftsbild, verarmt es und mindert die Poesie. So bedürfen die beiden Holländer-Windmühlen aus den Jahren 1709 und 1820 am Tief bei Greetsiel des Landschaftsschutzes.

42. *Eilsum. Pfarrkirche. Einzelheiten von der bronzenen Taufe. Gegossen 1472 von Bartold Klinghe.* Die datierte und bezeichnete Taufe, deren Kessel von den vier Evangelisten getragen wird (vergleiche Bild 25, 34, 35), läßt im Detail die Handschrift des Gießers erkennen, die mehr eintragend als rundend modelliert.

43. *Hinte, Pfarrkirche. Der Tod und das Mädchen. Grabplatte der Eilike Ripperda von 1547. Sandstein.* Die Platte hebt sich durch ihre künstlerische Feinheit aus weiteren historisch und genealogisch bedeutenden Grabsteinen und Totenschilden ab. Die Gruppe des lebensvollen Mädchens in der Begegnung mit dem Knochenmann – an die Auffassung des Totentanzes von Hans Holbein d. J. erinnernd – ist in die von Wappen und Schriftband gefaßte, manieristisch aufgelöste Architektur vorzüglich eingepaßt. Wie eine weitere Tafel für den 1554 verstorbenen Junker Frederick Ripperda ist die VL signierte Platte ein Werk des niederländischen Bildhauers friesischer Abstammung Vincent Lucas (gest. nach 1561).

44, 45. *Hinte, Wasserburg, Brückentor zum Vierflügelbau. 16.–18. Jahrhundert.* – *Hinte. Wasserburg und Pfarrkirche.* In Hinte gab es ursprünglich zwei Burgen; der Ort selbst war Propstei und Häuptlingssitz im Besitz der gleichen Familie. 1488 siedelte Victor Frese aus der Grafschaft Hoya als gräflicher Drost und Rat nach Hinte über. Noch heute befindet sich die Burg im Besitz der Familie von Frese. In der Einheit von Gutshof, Schloß und Kirche vermittelt Hinte die geschlossenste Vorstellung einer Häuptlingsburg. Man betritt die auf einer Insel gelegene quadratische Burg durch einen niedrigen Renaissancebogen, der zwei gegeneinander gestellte Treppengiebel miteinander verspannt. (Restauriert 1780 und 1878.) Über der Tür auf Bild 44 das von einem Löwen und einem Greifen gehaltene Allianzwappen Frese-Fridag von 1714.

46. *Hinte. Pfarrkirche. Inneres nach Westen.* Die gegen Ende des 15. Jahrhunderts neuerbaute Kirche zeichnet sich in den Maßen und in den Gewölbeformen als münstersche Propsteikirche aus, der 11 Kirchen unterstellt waren. Fünf große Südfenster öffnen sich zur Burg, die Nordseite ist fensterlos. An der Südseite des Chores steht ein Glockenturm. Auch er zählt unter die reicheren seiner Art.

47. *Dorfstraße in Hinte.* Die einstöckigen Reihenhäuser kennzeichnen den kleinbürgerlich-handwerklichen Charakter solcher „Gassendörfer" gegenüber den großräumigen Hausanlagen der bäuerlichen Betriebe. Grabungen haben für die Lagerräume oder Wohnhäuser von Siedlungen auf Langwarfen eine Grundrißgröße von 4 × 6 Metern ergeben.

48. *Engerhafe. Pfarrkirche mit freistehendem Glockenhaus.* Die der zweiten Hälfte des 13. Jahrhunderts entstammende Backsteinkirche ist die dritte Hauptkirche des Brokmerlandes (vergleiche Bild 49, 50, 55). Als Folge des schlechten Baugrundes mußten 1775 die massiven Gewölbe durch eine Holztonne ersetzt werden. 1806 und 1908 weitere Abbrüche und Verkürzungen. 1965–1966 wurde der gefährdete Bauzustand saniert. Die aus zwei Schalen bestehende Gliederung im Inneren (Wandpfeiler, Säulenbündel, durch Laufgänge miteinander verbundene Nischen) stellt Engerhafe in Werkstattzusammenhang mit Marienhafe und Osteel.

49. *Grimersum. Pfarrkirche. Ostgiebel.* Die Ostfront der um 1250 zu datierenden gewölbten Einraumkirche ist dadurch besonders ausgezeichnet, daß sie in drei Zonen aufsteigt: Dreifenstergruppe zwischen Blendnischen; Uhr zwischen gestaffelten Blenden; profiliertes Rautenmuster.

50. *Marienhafe. Pfarrkirche St. Marien von Südosten.* Der noch immer großartige Eindruck der Kirche kann nicht darüber hinwegtäuschen, daß die heutige Gestalt nur ein Torso der einstigen monumentalen kreuzförmigen Gewölbebasilika mit Chorapsis und Querhausapsiden, mit sechsgeschossigem Westturm und zwei niedrigeren Treppentürmen ist. Die mit der westfälischen Baukunst verschwisterte Gründung kann mit einem Sühnevertrag von 1251, in welchem Marienhafe erstmals urkundlich überliefert ist, in Verbindung gebracht werden. Die Verstümmelung erfolgte 1829, der Turm wurde 1833 um zwei Geschosse verkürzt.
Neuerdings ist der Versuch unternommen worden, dem allein übriggebliebenen Mittelschiff der ehemaligen Basilika durch eine bunte Bemalung der Flachdecke, die anstelle der Gewölbe eingezogen wurde, im Inneren eine gewisse sakrale Würde zurückzugeben.

51. *Marienhafe. Pfarrkirche St. Marien. Taufstein aus Bentheimer Sandstein. Um 1220/30.* Die aus Bentheimer Stein gearbeitete runde Taufe repräsentiert den auch in Westfalen verbreiteten Typus der ornamentalen Steinmetzarbeit aus dem 13. Jahrhundert. (Zweireihig umlaufender Fries aus Band-, Akanthus- und Knorpelwerk. Der quadratische Sockel wird durch vier Tierstützen in das runde Becken übergeführt.) Vergleiche Bild 122.

52. *Marienhafe. Pfarrkirche St. Marien. Drolerie und Drache vom Tierfabelfries.* Mit der Verstümmelung der Kirche zu Marienhafe wurde auch der einzigartige Reliefschmuck zerstört, der die Mittel- und Seitenschiffwände unterhalb des Dachgesimses als zyklische Darstellung vorwiegend weltlichen Inhaltes bedeckte. Die Reste sind in einem Obergeschoß des Turmes und im Emder Rathaus untergebracht. Vgl. auch die Nachzeichnung (Textbilder S. 28 u. 29).

53. *Marienhafe. Pfarrkirche St. Marien. Weibliche Heilige. Sandstein. Um 1260.* Die Statue gehört zu einem Zyklus von 41 unterlebensgroßen Bildwerken, der am Querhaus in Rundbogennischen aufgestellt war und Christus inmitten von Heiligen, der Mutter Gottes und der Anbetung der Könige darstellte. Stilistisch hat diese Bauplastik ihre Wurzel in den Portalskulpturen der Dome zu Münster und Paderborn.

54. *Küste an der Krummhörn bei Pilsum.*

55. *Osteel. Die Pfarrkirche von Südwesten.* Die Aufnahme verdeutlicht die Bedeutung der Kirche als beherrschende Landmarke inmitten des Brokmerlandes. Von der Höhe des Turmes entdeckte der Osteeler Pastor und Astronom David Fabricius (geboren 1564 in Esens) im Jahre 1596 einen neuen Stern, gemeinsam mit seinem Sohn 1611 die Sonnenflecken. 1617 wurde der Gelehrte von einem Gemeindemitglied, das er wegen seines Lebenswandels „abgekanzelt" hatte, mit einem Torfspaten „jämmerliken vermoordet", wie es auf dem in der Kirche erhaltenen Grabstein zu lesen steht. Ein Denkmal der Urania, 1895 auf dem Friedhof errichtet, bewahrt das Andenken an Vater und Sohn Fabricius.

56. *Norden. Mennonitenkirche. 1662 als Patrizierhaus erbaut.* Man fühlt sich angesichts des noblen Klassizismus dieser 1662 datierten Schauseite (zweigeschossig mit durchlaufenden Pilastern, Fruchtgehängen und Attika unter dem turmbekrönten Dach) an vornehme Häuser in Den Haag erinnert. Die Norder Mennonitenkirche ist ein erstes Beispiel für diesen niederländischen Einfluß im 17. bis 18. Jahrhundert. Die Seitenflügel entstanden 1716 und 1835.

57. *Norden. St. Ludgerikirche. Hochchor und sechsseitiger Umgang. Beendet 1481.* Bauherr der bedeutenden Anlage war der erste Reichsgraf aus dem Hause Cirksena Ulrich I. Er wurde 1464 in Norden zum Grafen von Ostfriesland erhoben. Unmittelbar danach hat er den Chor an das ältere Querschiff der St. Ludgerikirche anbauen lassen. Im Grund- und Aufriß hat die St. Martinikirche zu Groningen (geweiht 1460) als Vorbild gedient. Man hat in Norden offenbar zunächst das um 1318 errichtete Querschiff ausgebaut, worauf eine Bauinschrift von 1445 zu beziehen wäre und dann dem Groninger Vorbild – in gedrückteren Proportionen – nachgestrebt.

58, 59. *Norden. Der Marktplatz mit der St. Ludgerikirche und dem freistehenden Glockenturm.* Norden als „Grünes Tor zum Meer", auf einer etwa 8,35 Meter hohen Geestzunge gelegen: das Geviert des weiträumigen Marktplatzes mit schattigen Bäumen und den Rasenflächen des einstigen Friedhofs rechtfertigen den Ehrennamen einer Stadt, die einmal See- und Handelsplatz war, aber mit der Landgewinnung nach Beseitigung von tiefen Meereseinbrüchen wieder zur Landstadt geworden ist. Der durch Blenden gegliederte Glockenturm, dessen Inneres dem Gedächtnis der Toten aus beiden Weltkriegen geweiht ist, gehört dem letzten Viertel des 13. Jahrhunderts an. Er schließt sich der Bauzeit des schlicht gehaltenen Langhauses an. Das Querhaus ist nach 1318 entstanden, der Hochchor trat an die Stelle eines gotischen Vorgängers, der die Kreuzkirche schloß.
Der Marktplatz ist bereits innerhalb der im 11. Jahrhundert anzunehmenden Siedlung „ausgespart" worden. Ursprünglich stand hier noch eine zweite Kirche, St. Andreas, eine Basilika, die 1288–1314 aus Tuffstein erbaut und 1531 zerstört wurde. Reste haben bis in das 18. Jahrhundert gestanden.

60. *Norden. St. Ludgerikirche. Chorumgang mit Sakramentshaus. Um 1510.* Mit den 13 Rundsäulen, von denen sieben im Chorhaupt eng gereiht stehen, und der lichten Stimmung im Umgang ist der bedeutendste Innenraum der Landschaft vom Geiste der benachbarten holländischen Kirchenbauten bestimmt.
Das etwa neun Meter hohe Sakramentshaus ist zwar der Bilderstürmerei entgangen, aber durch eine Restaurierung im 19. Jahrhunderts beeinträchtigt. Vom Figurenschmuck haben sich erhalten eine Christusfigur oberhalb des Brotgehäuses und eine Verkündigungs-Maria, deren Züge mit denen

des Häuptling-Grabmales in Esens (Bild 96) verwandt sind. Im Inneren zeigen Malereien Kerzen tragende Nonnen.
Westfälische Werkstatt. Baumberger Sandstein. Um 1510.

61. *Norden. St. Ludgerikirche. Chorumgang. Verkündigungs-Maria aus der abgerissenen St. Andreaskirche. Um 1250.* Die Statue, von antiker Würde und hoher Qualität, hält über westfälischen Werkstattzusammenhang die Tradition der französischen Kathedralplastik. Auch bei den zugehörigen Bildwerken – dem torsohaften Engel und mehr oder weniger ruinösen Heiligenstatuen stilistisch unterschiedlicher Art – stellt sich der Gedanke vom Fortleben antiker Formen ein. Der verwitterte Erhaltungszustand und die gute Aufstellung (seit 1957) bestärken solche Kombinationen. 1898 wurden die Bildwerke restauriert und damals an dem nicht ursprünglichen Standort in den Blendarkaden des Querschiffgiebels belassen. Es wird angenommen, daß der Zyklus für eine Vorhalle der im 18. Jahrhundert abgebrochenen St. Andreaskirche geschaffen wurde.

62. *Norden. St. Ludgerikirche. Der Hochchor mit Altar und Sakramentshaus.* Die lichte Höhe des Chores mit den Durchblicken auf den Umgang ist raumbestimmend. Der Altar, mit charakteristisch spätgotischem Baldachin, wurde 1785 neugestaltet. Die drei Passionsbilder sind Arbeiten des Holländers B. F. de Hosson, die Flügelrückseiten tragen in einer um 1600 gesprochenen plattdeutschen Sprachform den Text der 10 Gebote.

63. *Norden. St. Ludgerikirche. Blick durch das Mittelschiff mit Kanzel, Empore und Lettner zum Hochchor.* Man kann die „möblierte" Verstellung des Langhauses bedauern, dessen feine Profilierung der Pfeiler beeinträchtigt ist und dessen Holztonne dürftig wirkt: die Steigerung zum Hochchor hin bleibt dennoch erhalten. Die Moseskanzel mit mächtigem Schalldeckel und in hohem Relief geschnitzten Aposteln am Treppenlauf und rund um den Korb ist ein tüchtiges Werk des aus Norden gebürtigen, in Hamburg tätigen Schnitzers Redolph Garrelts vom Jahre 1712.

64. *Norden. St. Ludgerikirche. Chorumgang. Zweisitz mit Darstellung der Verkündigung. Eiche. 1481.* Der Verkündigung entspricht an der Gegenseite eine Kreuzigung Christi. Diese ist 1481, mit dem Datum der Baubeendigung des Grafenchors, bezeichnet. Der Zweisitz ist Teil eines großen, z. T. übermalten und mit der Orgelempore unglücklich verbauten Chorgestühls der Familie Cirksena, deren Wappen am Grafenstuhl erscheint.

65. *Norden. St. Ludgerikirche. Mittelschiff. Die Orgel von Arp Schnitger. 1686–1688.* Die mit fünf reichen Prospekten ausgestaltete Orgel, ein Hauptwerk des Arp Schnitger, wurde 1686–1688 insofern geschickt dem Raum eingepaßt, als sie asymmetrisch um den Vierungspfeiler zwischen Hochchor und Querschiff herumgeführt ist. 1930 sowie 1956–1960 sorgfältig wiederhergestellt, entspricht die vielgerühmte klangliche Schönheit des Werkes seinem prunkvollen architektonischen **Aufbau.**

66. *Norden. Rathaus mit Heimatmuseum und Theelkammer. Anfang des 16. Jahrhunderts.* „Theelkammer" nimmt Bezug auf die Theelacht, eine schon im 11. Jahrhundert begründete Gemeinschaft von Grundeigentümern, die ihre Einkünfte untereinander verteilten. Das Haus wurde nach einem Brand von 1508 errichtet. Stilistisch verwandt mit gleichzeitigen westfälischen Herrensitzen.

67. *Norden. Osterstraße. Sparkassenhaus. 1576.* Das ehemals Schöningh'sche Haus repräsentiert gegenüber dem Rathaus den Typus des in der sogenannten Weserrenaissance durch ganz Nordeuropa verbreiteten Giebelhauses. Es steht gleichzeitig als Modell für die aufwendige Wohnkultur, wie sie vor der Vernichtung insbesondere in Emden verbreitet war.
Große handgestrichene Backsteine in gebändertem Mauerwerk; über den zum Teil gedoppelten Fenstern muschelartig verzierte Halbkreise in Grauwerk; auf den Absätzen der von Lisenen gegliederten Treppengiebel: Harpyen, Giganten und Tauromachie.

68. *Straßenbild in Hage.* Die Maßstäbe in der Straßenführung mit den einstöckigen Giebelhäusern sind noch „intakt". Blickpunkt ist die Windmühle (vergleiche Bild 75).

69. *Hage. St. Ansgarkirche mit Westturm.* Die auf einem Quaderfundament in Backstein in der ersten Hälfte des 13. Jahrhunderts erbaute Kirche zeichnet sich durch eine beispielhafte Gliederung der Außenwand aus: über der glatt gehaltenen Portalzone hochgesetzte kleine Rundbogenfenster zwischen Lisenen, die durch einen gekreuzten Rundbogenfries miteinander verbunden sind.
Der Westturm von annähernd quadratischem Grundriß ist um die Mitte des 14. Jahrhunderts hinzugefügt. Er überragt das Langhaus mit dem obersten seiner drei von einem Satteldach gedeckten Geschosse.

70. *Hage. St. Ansgarkirche. Passionsaltar im Chor. Eichenholz, gefaßt. Ende 15. Jahrhundert.* Die mit einer Balkendecke versehene Kirche schließt mit geradem Chor (um 1450), in welchem der stattliche Passionsaltar (Schreinhöhe 2,45 m) aufgestellt ist.
Die Kirche ist 1966 vorbildlich wiederhergestellt worden.

71. *Hage. St. Ansgarkirche. Passionsaltar. Reitergruppe unter dem Kreuz.* Der Ausschnitt vermittelt die unbekümmerte Frische der Erzählung, welche die Mitte der Komposition auszeichnet. In der Höhe erblickt man die Kreuzigung; vier Einzelscenen unter Baldachinen sind von der Mittelgruppe abgetrennt. Das Motiv des Affen, der vom Pferd des rechten Reiters zum Beschauer blickt, kommt bei Hans Memling vor. Vermutlich niederrheinische Werkstatt, Ende 15. Jahrhundert.

72. *Hage. St. Ansgarkirche. Dreisitzstuhl. Eichenholz, ungefaßt. Um 1500.* Der Schmuck des stattlichen Dreisitzes (2,67 m hoch) beschränkt sich auf reiches Maßwerk, in welchem der Dreierrhythmus variiert wird. Vermutlich niederländisch um 1500 (vergleiche auch Bild 64).

73. *Lütetsburg. Wasserschloß. Das Torhaus der Vorburg und der Außengraben.* Durch das Fürstenhaus zu Innhausen und Knyphausen, das durch Versippung mit Unico Manninga Schloßherr auf Lütetsburg ist, spielt das Wasserschloß kulturgeschichtlich und politisch eine über Ostfriesland hinausgreifende führende Rolle. Das 1557–1561 nach Zerstörung in der Sächsischen Fehde wiederaufgebaute Schloß wurde 1677–1679 zu einem barocken Vierflügelbau erweitert, der 1893 einem Brande zum Opfer fiel. Der aufwendige Neubau wurde durch Bomben 1943 und 1944 schwer beschädigt und brannte 1957 vollends aus. Der seit 1958 betriebene Neubau schließt sich in vereinfachten Formen der aus Stichen überlieferten Fassade des Wasserschlosses an. Die Aufnahme zeigt die schöne, wasserumzogene Vorburg des Unico Manninga.

74. *Lütetsburg. Im Schloßpark der Fürsten zu Innhausen und Knyphausen. Angelegt seit 1790.* Man durchschreitet den von Wasserläufen sanft durchzogenen Park unter mächtigen Koniferen, entlang an den Blick verstellenden „Lustgebüschen", anmutig geformte Brücken überquerend, den Blick immer wieder auf das zurückliegende Schloß geführt, um schließlich den Forst zu erreichen, welcher der Landschaft des flachen Landes einen in Deutschland einzigartigen Akzent verleiht. Auf einer „Insel der Seligen" befindet sich die Begräbnisstätte der schloßherrlichen Familie. Eingeweiht wurde sie 1793, als der Schöpfer des Parks, Edzard Mauritz Graf zu Innhausen und Knyphausen (1748 bis 1824), seine erste Gemahlin unter den Bäumen seines Parkes beisetzen ließ. 1791–1802 wurden die Anlagen im „englisch-chinesischen" Stil abschnittsweise vervollständigt und die Parterres des Barockgartens geopfert. Der oldenburgische Hofgärtner Carl Ferdinand Bosse hat in Lütetsburg sein Meisterwerk geschaffen.

75. *Die Windmühle in Hage.* Die auf fünfstöckigem Steinsockel aufragende Holländermühle ist als höchste Windmühle Ostfrieslands die markante Landmarke in der schönen landschaftlichen Umgebung des Norderlandes. Die mit mehreren Mahlgängen und einem Peldegang ausgestatteten großen Mühlen waren ursprünglich mit Reith gedeckt. Bei der Hager Mühle, die nach dem Brand ihrer Vorgängerin 1870 neuerrichtet wurde, erhebt sich über dem Umgang ein hartgedeckter Oberbau, auf dem sich die Kappe mit den Flügeln und einem Windrad dreht.

76. *Am „Ewigen Meer", dem größten Hochmoorsee in Ostfriesland.* Der nur auf Fußwegen erreichbare See erstreckt sich westlich der Straße Aurich–Tannenhausen–Westerholt. Noch umfängt die Wasserfläche Einsamkeit und Stille, wie dies einst an vielen der flachen Diluvialmeere der Fall war. Wo die Entwässerung lohnt, wurden viele kleinere Meere trockengelegt und urbar gemacht. So wurde z. B. bereits 1733 das Wiesedermeer ausgetrocknet und die Kolonie gleichen Namens angelegt.

77. *Dornum. Wasserschloß. Torturm der Vorburg. 1698–1717.* Der Torturm öffnet den Zugang zur Vorburg, auf deren Gelände zwei ebenerdige Trakte für die Kreismittelschule des Herrlichkeitsfleckens Dornum errichtet wurden. Die Einstimmung auf den historischen Bestand ist vollkommen. So ist es gelungen, das baulich schwer gefährdete Schloß zu erhalten und seine Funktionen neu zu ordnen. Seitdem es 1820 an den hannoverschen Staatsminister Ernst Herbert Graf von Münster gefallen war, in dessen Familienbesitz es bis 1931 verblieb, hat der schöne Besitz wechselvolle Schicksale hinnehmen müssen.

78. *Dornum. Wasserschloß. Zugang über die Graft zum Binnenhof der Vierflügelanlage.* Haro Joachim von Closter, Häuptling von Dornum und Petkum, hat die ehemalige Norderburg – eine von ursprünglich drei Häuptlingsburgen in Dornum – zum repräsentativen Wasserschloß ausgebaut. Unter Verwendung älterer Bauteile und Portale (1535, 1668/69, 1698) umschließt der vierflügelige Bau einen quadratischen Innenhof, der in der Blickachse von einem Pilasterportal abgeschlossen wird.

79. *Dornum. Wasserschloß. Dreiecksgiebel: Athena zwischen Putten.* Die kraftvoll skulptierte Dreieckskomposition schließt an das Portal in Gödens (Bild 105) an, verlagert aber das plastische Gewicht in den Giebel. Die Bauinschrift von 1706 und das Allianzwappen in der Portalbekrönung (unten) beziehen sich auf den Bauherrn Haro Joachim von Closter und seine Gemahlin Sophie Luise, geb. Gräfin Dankelmann.

80. *Dornum. Bartholomäuskirche. Abendmahlskelch, silbervergoldet.* Die elegante Form des durchbrochenen Nodus und des sechsfach ausgezogenen Fußes mit eingravierten Apostelgestalten findet sich verwandt auf einem etwas kleineren Kelch von 1470 in Nesse wieder. 1467 datierte Randinschrift: „dese kelk is ghemaket in den jaer ons heren dusent vierhundert en do men sref LXVII. dns. focko curater in Dornum."

81. *Dornum. Bartholomäuskirche. Inneres nach Westen mit der Orgel von Gerhard von Holy, Aurich, mit Kanzel und Altar.* In der zweiten Hälfte des 13. Jahrhunderts erbaut, hat der einschiffige Raum um 1750 sein Gewölbe eingebüßt, doch erfreute sich die 26,4 x 12,25 Meter messende Kirche der Fürsorge der Häuptlinge, deren Grabgewölbe sich unter dem Chor befinden. Besonders fällt der Farbzusammenklang auf, der bald blumenhaft bunt ist, bald sich auf einen weiß-blauen Doppelklang beschränkt. Die Einzelformen sind durchweg von beachtlicher Qualität, z. B. die Schnitzerei der Kanzel von Jacob Cröpelin, Esens (1683) und am Taufstein, die Messingkronen. Im Jahre 1711 bestätigte Haro Joachim von Closter dem Orgelbauer Gerhard von Holy, „... daß er seine Kunst sehr wohl verstehe...".

82. *Dornum. Bartholomäuskirche. Grabstein des Gerhart von Closter, Häuptling von Dornum und Petkum. 1594. Blaustein.* Die im Altarraum liegende Grabplatte zeichnet sich durch die ikonographische Besonderheit der als Telamonen dargestellten Wappenhalter und den waffenkundlichen Befund aus, daß der Häuptling 1594 einen Harnisch der modernsten Form trug und auch im Haarschnitt und in der Tracht auf der Höhe der Zeitmode stand.

83. *Dornum. Altes Pastorat.* Das steinerne Haus des Pastorats (vergleiche auch Bild 26 und 123) bildet mit der Kirche und dem freistehenden Glockenturm eine stimmungsvolle dörfliche Gruppe. Bemerkenswert gut sind neue Häuser dieser Nachbarschaft eingefügt.

84. *Die Ständermühle von Dornum.* Die auf das Jahr 1628 zurückgehende Dornumer Mühle ist die letzte Bockwindmühle Ostfrieslands und gehört dem älteren Typus an, der im allgemeinen von den holländischen Mühlen abgelöst wurde, die sich auf hohen Steinsockeln erheben. Der Überlieferung nach sind die meisten Ständermühlen bereits den Brandschatzungen während der Mansfeldischen Invasion 1622–1624 zum Opfer gefallen. „Müller sein" war gleichbedeutend mit „reich sein". So wurden die Mühlen, deren jede einen verhältnismäßig kleinen Umkreis mit dem lebenswichtigen Brotkorn und Futtermehl zu versorgen hatte, bei dem Abzug feindlicher Truppen häufig in Brand gesteckt. Heute im Besitz der „Ostfriesischen Landschaft" in Aurich.

85. *Neuharlingersiel. Krabbenfischer im Hafen.* Die unmittelbare Nachbarschaft des idyllischen Sielhafens an der Mündung der Harle, der alten Sielbrücke und eines modernen Schöpfwerkes verdeutlicht den stetigen Kampf um die Freihaltung des Hafens und damit der Arbeitsplätze des etwa 200 Einwohner zählenden Hafen- und Küstenbadeortes.

86. *An den Dalben bei Harlesiel.* Charakteristisch für die Wattenküste sind die kleinen Sielhäfen, in denen die Krabbenfischer die Tide abwarten und wohin sie mit an den Masten aufgehängten Netzen und ihrem „Granat"-Fang heimkehren. Hoch ragen bei Niedrigwasser die Leitpfosten der Dalben auf.

87. *Norderney. Das Staatliche Kurhaus, erbaut seit 1836 als Sommerresidenz der hannoverschen Könige.* Das Kurhaus erinnert mit seinem klassizistischen Laubengang an die Frühzeit des Seebades Norderney. Gemeinsam mit dem Inselvogt Feldhausen und dem Auricher Arzt von Halem hat Edzard Mauritz Freiherr zu Inn- und Knyphausen (vergleiche Bild 74), die Entwicklung zum Weltbad eingeleitet und damit die Insel aus geschichtsloser Isolierung als Staatsbad (seit 1819) in den „sommerlichen Mittelpunkt der Reichspolitik" rücken helfen. 1948 wurde Norderney zur Stadt erhoben.

88. *Zwischen Norddeich und Norderney.* Von Norddeich, wo wichtige Sende- und Empfangsstationen stehen, verkehren die Schiffe zu den Inseln Juist, Norderney und Baltrum. Wer die Schnellzüge, die in Norddeich enden, verläßt, wer auf der Straße „am Ende des Kontinents" eintrifft: hier begegnet ihm die Verzauberung, die mit Überfahrt und Inseldasein verbunden ist. Greifbar nahe und doch fern grüßt die Kette der Inseln, deren Gestalt und Siedlungen unverwechselbar vom Festland aus erkennbar sind.

89. *Spiekeroog. Inselfriedhof. Kapitänsgrabstele mit Zweimaster. 1796.* Die Inschrift zum Gedächtnis des Ede Onneken (1722–1796) lautet:
> Ich habe manches Jahr das wilde / Meer Gebauet
> Und Gott hat mich bewahrt, weil ich / im stets Vertrauet
> Hier ruht mein Leib im Grab von / allem Ungemach
> Bis Jesus ihn erweckt am frohen / jüngsten Tag.

90. *Spiekeroog. Inselkirche. 1696.* Die kleine rechteckige Kirche, inmitten eines Angers von Bäumen umstanden, hat manchen Sturm überdauert. U. a. bewahrt sie ein (später übermaltes) Vesperbild, das angeblich vom untergegangenen Flaggschiff der spanischen Armada herrührt.

91. *Spiekeroog. Haus zur Linde.* Das von den Inselbewohnern „Loog" genannte Dorf erstreckt sich inmitten der dünengeschützten Insel als eine Abfolge freundlicher, meist geweißter Walmhäuser mit Verandavorbauten, die von schönen Linden überschattet sind.

92, 93. *Nesse. Pfarrkirche. Heiliger König. Relief vom Taufstein und der Taufstein mit Relieffiguren der Muttergottes, von Heiligem König verehrt, Verkündigung und Taufe Christi. Sandstein. Um 1250.* Der Stil der bedeutsamen Taufe zeugt von hoher Qualität und steht mit westfälischen Werkstätten in Zusammenhang. Die Strenge der frontal thronenden Mutter Gottes, die sich herauswendende Bewegung des verehrenden Königs, die Schärfe der Drolerien im abschließenden Fries und in den Zwickeln der sich zu acht Arkaden öffnenden Rund- bzw. Kleeblattbögen lassen den zeitlichen Vorrang der Taufe von Nesse gegenüber verwandten Darstellungen aus Sillenstede, Hohenkirchen und Wiarden hervortreten. Dies ist um so bemerkenswerter, als Nesse um die Mitte des 13. Jahrhunderts abhängig von Arle war und erst im 15. Jahrhundert selbständig wurde, auf welches Ereignis bauliche Veränderungen und die Jahreszahl 1493 im Knauf der Wetterfahne bezogen werden dürfen.

94 *Esens. St. Magnuskirche. Chorinneres mit Kreuzigungsaltar (1714) und Kanzel.* Im Mittelpunkt des Harlinger Landes gelegen, ist eine St. Magnuskirche in dem wahrscheinlich schon seit etwa 1150 besiedelten Esens bereits um 1300 verbürgt. Die alte Kirche ist 1847 wegen Baufälligkeit abgerissen und 1848–1854 als rundchorige, gotisch gewölbte Hallenkirche mit Emporen auf dem höchsten Punkt der Stadt neuerrichtet worden. In den „aus der Ferne imponierenden", im Inneren feingliedrigen Neubau hat der Architekt F. A. L. Hellner Ausstattungsstücke aus der alten Kirche übernommen. Der „Weinstock-Altar" in Verbindung mit der Darstellung des Abendmahls ist ikonographisch bemerkenswert, insofern die evangelische Altarkunst sich als Glied der im 16. Jahrhundert begründeten theologischen Allegorie weiß. Dafür spricht auch die Übernahme der Abendmahlsbank mit den Darstellungen des Propheten Moses und des Reformators Martin Luther, die stilistisch mit der Kanzel übereinstimmen. Sie ist 1674 datiert und ein Werk des ortsansässigen Meisters Jacob Cröpelin (gest. 1699). Vgl. Bild 81.

95. *Esens. St. Magnuskirche. Bronzene Taufe. Gegossen von Hinrich Klinghe. Deckel und Sockel später ergänzt.* Die Montierung der spätgotischen Taufe ist im Unterschiede zu mancher verständnislosen Purifizierung im Lande ein seltenes Beispiel liebevoller Konservierung.
Die Fünte, welche die Signatur Hinrick Klinghe und das Datum 1474 trägt, zeigt die Standfiguren der Apostel mit der Darstellung der Kreuzigung und der Taufe Christi. Am oberen Rande Namensinschriften von neun weiblichen Heiligen.

96. *Esens. St. Magnuskirche. Hochgrab des Häuptlings Sibet Attena von Dornum. Sandstein. 1476.* Ungeachtet der Beschädigungen und der fehlenden 12 Statuetten, die einst den Katafalk umstanden, eignet dem Hochgrab, das in den Neubau der Kirche übernommen worden ist, noch immer Rang und Würde.
Die Gestalt des barhäuptig, mit gefalteten Händen ruhenden Ritters, zu seinen Füßen die von Löwen gehaltenen Wappen von Esens und Norden, ist gesondert von dem Sarkophag gearbeitet. Sibet (gestorben 1473) war Lehensmann der Cirksena und wurde 1464 in Emden zum Ritter geschlagen. Ihm wird die Einigung des Harlinger Landes verdankt. Sein Sohn Hero Omken und sein Enkel, der berüchtigte Balthasar von Esens, kündigten dem Landesherrn die Gefolgschaft und haben schwere Schäden über die Herrschaft Esens gebracht.

97. *Esens. Rathaus. Schäferszene. Ausschnitt aus einem Gobelin der von Wangelin-Stiftung. 17. Jahrhundert.* 1756 sanktionierte Friedrich der Große eine Stiftung in Esens, die der preußische Generalleutnant von Wangelin und seine Gemahlin Adelheid, geborene Heespen, als kinderlos gebliebenes Ehepaar zugunsten verarmter Mitglieder der Familie errichtet hatten. Das Haus hat bis zum letzten Kriege im Dienste der Stiftung gestanden. Der Ahnensaal enthält außer einer Gobelinausstattung (Brüssel 17. Jahrhundert), einem schön gestickten Teppich (um 1800), den Stiftsdamen angefertigt haben, Ahnenbilder und Gemälde. Zur Zeit wird der Bau von der Stadtverwaltung genutzt.

98. *Funnix. Pfarrkirche. Hl. Annaselbdritt. Eichenholz mit Resten von Fassung. Anfang 16. Jahrhundert.* Außer einem geschnitzten Passionsaltar vom Ende des 15. Jahrhunderts haben sich in der Kirche zu Funnix sechs hölzerne Bildwerke aus dem 13. bis 16. Jahrhundert erhalten. Ihr ursprünglicher Zusammenhang bzw. ihre Herkunft ist unbekannt. Solche Heiligenfiguren blieben im Harlinger Land erhalten, weil sich die Reformation hier in gemäßigten Formen ausgebreitet hat.

99. *Funnix. Pfarrkirche. Vesperbild. Eichenholz mit Resten von Fassung. Um 1520.* Die im Ausschnitt wiedergegebene, 79 cm hohe Gruppe schließt sich in der Komposition einer Marienklage des „Meisters von Osnabrück" im Landesmuseum zu Münster an, ohne daß in der Formensprache ein direkter Werkstattzusammenhang bestünde.

100. *Stedesdorf. Pfarrkirche St. Aegidii. Chor und Glockenturm.* Die Kirche wurde von Westen her zu Beginn des 12. Jahrhunderts in Tuffstein begonnen; der weitere Ausbau der einschiffigen Kirche erfolgte um 1350 in Backstein. Dem gerade schließenden gewölbten Chor ist eine leicht gerundete Apsis eingepaßt.

101. *Neustadt-Gödens. Alter Friedhof.* Unter Lebensbäumen, die den Blick auf die Koppeln freigeben, stehen Grabsteine des 17. Jahrhunderts, die heraldisch oder mit Totenköpfen und erhabener Schrift verziert sind, ferner Eisengußkreuze aus dem 19. Jahrhundert.

102. *Neustadt-Gödens. Die Kirchstraße mit dem 1714 errichteten Zierturm der Lutherischen Kirche.* Der um 1544 von mennonitischen Leinewebern begründete Flecken, der sich, am Ende des tief eingebrochenen Jadebusens gelegen, gut entwickelte, duldete das tolerante Nebeneinander von Mennoniten, Lutheranern, Reformierten und Juden. Jede Konfession durfte ein eigenes Gotteshaus errichten und unterhalten. Der die Straßenachse wirkungsvoll beherrschende Kirchturm trägt die Widmung seines Erbauers Graf Burchard Philipp Fridag von 1714: Sic verae crescat Religionis Amor. Mit dem Bau der Kirche war 1695 begonnen worden.

103. *Gödens. Wasserschloß. Parkseite.* Die Parkansicht des zweiflügeligen Backsteinbaues mit den mächtigen Eckrisaliten, erbaut 1671 anstelle eines abgebrannten Baues von 1517, erweckt noch eine Vorstellung von der festen Burg, welche die Häuptlinge seit dem Ende des 14. Jahrhunderts in der Herrlichkeit Gödens begründet hatten.

104. *Gödens. Wasserschloß. Hauptansicht des auf einer Insel gelegenen Zweiflügelbaues.* Man betritt das Schloß über eine Brücke von einer ausgedehnten Vorburg mit einstöckigen Ökonomiegebäuden (1711). Es gelangte 1537 in den Besitz der Familie von Fridag. Harro Burchard von Fridag hat seit 1671 den Ausbau des Schlosses veranlaßt. Durch Heirat gelangte es 1746 in den Besitz der Grafen von Wedel, die es im 18. Jahrhundert erweiterten (Bauinschrift von 1788) und damit der schönen Anlage Maßstab und Perspektive gaben.

105. *Gödens. Wasserschloß. Hauptportal mit Bauinschrift zwischen Genien (1669–1671) und dem Wappen der Herren von Fridag.* Die Kolossalordnung in römischen Barockformen verspannt den asymmetrisch der Fassade vorgestellten achteckigen Treppenturm mit dem Dachreiter, zugleich die Reihung der vierachsig versproßten Fenster im Sinne festlicher Repräsentation aufbrechend.

106. *Gödens. Wasserschloß. Festsaal.* Der mit kostbarem Mobiliar ausgestattete Festsaal enthält außer barocken Allegorien auch das von Antoine Pesne 1707 in Venedig gemalte Porträt des preußischen Staatsministers Friedrich Ernst Reichsfreiherrn zu Inn- und Knyphausen (1678–1731), dessen Mutter Hedwig Oriana eine Freiin von Fridag war.

107. *Jever. Stadtkirche. Grabmal des Häuptlings Edo Wiemken d. J. Antwerpen 1561–1564.* Die prunkvolle Fürstengruft in der Großen Kirche zu Emden mit dem Grabmal des Grafen Enno II. (1528 bis 1540) ist bis auf Fragmente den Bomben des letzten Krieges zum Opfer gefallen. Wegen der stilistischen Verwandtschaft, aber auch aus historischen Gründen erscheint hier die Wiedergabe des in der Werkstatt des Cornelius Floris zu Antwerpen und seines Schülers Heinrich Hagart von Fräulein Maria von Jever 1556 für ihren Vater Edo Wiemken d. J. (gestorben 1511) bestellte Mausoleum im Chor der Stadtkirche zu Jever.
Edo Wiemken war mit Heilwig von Oldenburg verheiratet. Das Paar hinterließ drei Töchter, deren Erbgang mit Ostfriesland der Vertrag von Utrecht 1529 regelte. Doch widerstand das Jeversche Fräulein Maria den Werbungen der ostfriesischen Grafen. 1574 fiel das Jeverland an Oldenburg.

108. *Oldenburg. Landesmuseum. Bildnis des Grafen Edzard des Großen von Ostfriesland (1491–1528) von Jacob Cornelizs van Amsterdam. 1515.* Das 1515 in den Niederlanden gemalte Bildnis des großen Grafen, der sich zum Ziel gesetzt hatte, Friesland zwischen Ems und Weser zu einigen, hat ursprünglich im Schloß zu Jever gehangen, wo Edzard 1517 als Regent eingezogen war.
Die Chronik der Norder Dominikaner schreibt über Edzard den Großen: „Es ist klar und allgemein anerkannt, daß er mit allem Eifer und Nachdruck und mit allen Mitteln dahin strebe und die größten Unternehmungen eingegangen ist, die Freiheit Frieslands zu schützen. Er war die Zierde und das Licht von ganz Ostfriesland, ein Mann von hervorragenden Tugenden, den keiner seiner Zeitgenossen übertraf an Tapferkeit, Seelengröße, Gerechtigkeit, Milde und gnädiger Gesinnung gegen die Seinen."

109. *Reepsholt. Pfarrkirche. Zerstörter Turm.* In Reepsholt stand das bereits 983 gegründete älteste Kloster in Ostfriesland. 1434 wurde die Propstei in die von St. Wilhadi in Bremen inkorporiert. Der Westturm der im Innern restaurierungswerten Kreuzkirche ragt seit 1474 nur noch als Ruine in das Land. Bei den ostfriesisch-oldenburgischen Grenzfehden wurde Reepsholt belagert, der dabei zerstörte Turm nicht wiederaufgebaut, damit er in Zukunft keine Befestigungsanlage sein könne. Man erkennt das Füllwerk, mit dem die Wände innen aufgeschüttet waren.

110. *Küstenstraße bei Esens.* Während man südlich von Wittmund auf der Straße zwischen Leer und Wilhelmshaven unter wohlgeformten Baumkronen von Birken, Linden und Eschen einherfährt, wandelt sich nördlich der Kreisstadt schlagartig das Bild: Sturmzerzaust sind die Kronen der Ulmen landeinwärts gebeugt. Seeseitig erstreckt sich Dünenvorland.

111. *Leer. Turm der Reformierten Kirche.* Die mit vier gleich langen Flügelarmen 1785–87 erbaute Predigtkirche der Reformierten wird von einem laternen-bekrönten Turm überragt, dessen bewegte Umrisse mit den übrigen Türmen Leers (Bild 113) wetteifern.

112. *Leer. Krypta der ehemaligen St. Ludgerikirche. Um 1200.* Die seit 1958 als Ehrenmal eingerichtete Krypta auf dem hochgelegenen Friedhof im Westen der Stadt, eine gewölbte zweischiffige, mit Doppelapsis versehene Unterkirche um 1200, gehörte zu einer Pfarrkirche, die bereits 1785 abgerissen worden ist. Frühester gewölbter Raum Ostfrieslands.

113. *Leer. Stadtwaage (1714) und Glockenturm des Rathauses, der dem Vorbilde der Lutherischen Kirche folgt.* Die städtebaulich schöne Gruppe nahe der bei Leer in die Ems mündenden Leda läßt die innere Nähe zu den Niederlanden erkennen, sowohl die strenge Pilasterordnung der Waage als auch der über quadratischem Sockel zu zwei achteckigen durchbrochenen Geschossen aufsteigende schlanke Glockenturm. Dem Bau der Lutherischen Kirche (begonnen 1675) waren langwierige Streitigkeiten mit den Reformierten vorausgegangen: Die Fürstin Christine Charlotte gestattete den Reformierten den Bau einer Kirche im lutherischen Norden, umgekehrt den Lutheranern im reformierten Leer.

114. *Leer. Haus Samson in der Rathausstraße. Erbaut 1643.* Das schön erhaltene Giebelhaus repräsentiert in seiner Symmetrie und mit dem Perückengiebel den Typus des niederländischen Hauses. Seit mehr als 100 Jahren ist Haus Samson in Familienbesitz. Der in Lausanne 1770 geborene Gründer der Firma, Friedrich Groß, fiel 1815 als Kommandeur des Ostfriesischen Landwehrbataillons bei Ligny.

115. *Leer. Haus Samson. Der Laden.* Der Laden mit anstoßender Probierstube und dem Kontor, Wohnräume in den Stockwerken darüber vermitteln lebendige Einblicke in die Wohnkultur des 18. und 19. Jahrhunderts, die deswegen so lebendig sind, weil sie bewohnt und „in Gebrauch" sind. Museale Ergänzungen bietet das als Heimatmuseum eingerichtete klassizistische Traufenhaus Neue Straße 14.

116. *Weener. St. Georgenkirche. Friedhof und Westturm.* Die reizvoll gelegene St. Georgenkirche geht auf eine Gründung um das Jahr 1000 zurück. Im 13. Jahrhundert wurde Weener Sitz einer mün-

sterischen Propstei. Zeitweise stand es unter dem Einfluß Groningens. So finden sich auf dem Friedhof Grabinschriften in niederländischer Sprache. Auch eine Inschrift am Turm von 1738 ist niederländisch abgefaßt.

117. *Weener. St. Georgenkirche. Orgel von Arp Schnitger im Choranbau von 1462.* Die bedeutendste Sehenswürdigkeit in der holzgewölbten, zwar dem 13. bis 14. Jahrhundert entstammenden, aber durch Eingriffe des 19. Jahrhunderts unansehnlich gewordenen Kirche ist die klangschöne Orgel von 1709. Sie füllt seit einer Reparatur 1779–1786 den Choranbau aus, von dessen spätgotischer Form nur noch die Ansätze der Rippen erhalten sind. Das Baudatum des Chores von 1462 ist durch eine verstümmelte Bauinschrift gesichert.

118, 119. *Weener. Rheiderländer Heimatmuseum. Hl. Magdalena aus dem Zug nach Golgatha vom Holtgaster Schnitzaltar und Männergruppe aus dem Zug nach Golgatha vom Holtgaster Schnitzaltar. Eichenholz. Um 1520.* Der im Altersheim zu Weener (Rheiderländer Heimatmuseum) verwahrte Passionsaltar aus Holtgast im Kreis Leer hat sich nur als Fragment erhalten, nachdem er bereits Ende des 18. Jahrhunderts „beiseite gesetzt" worden war. Der Zug nach Golgatha und Figurengruppen unter dem Kreuz sind erhalten; die Kreuzigung selbst ist verloren.

Die 1929 wiederhergestellten Schnitzereien lassen Reste von Fassung und Vergoldung erkennen, die den Stil der in Bewegung und Ausdruck empfindsamen Gestalter mitbestimmen. Südniederländisch, um 1520.

120. *Weener. Bürgerhaus.* Der als Handelsplatz des Rheiderlandes bedeutsame Flecken hat gegen Ende des 15. Jahrhunderts durch Einfälle der Münsterländer, im Dreißig- und Siebenjährigen Kriege unter fremden Truppen schwer gelitten. Napoleon schlug Weener zu Groningen. An den Bürgerhäusern wird der Grenzlandcharakter in handwerklichen Einzelheiten, in Form und Farbe erkennbar.

121. *Weener. Friedhof. Grabplatten mit Wappen und Inschriften. Sandstein. 19. Jahrhundert.* Neben den verbreiteten Grabstelen des 18. bis 19. Jahrhunderts finden sich auf dem Friedhof in Weener Erbbegräbnisse, bei denen fünf bis sieben heraldische Inschrifttafeln gleichartigen Typs nebeneinander liegen. Diese Form wurde bis an die Wende zum 20. Jahrhundert in den Familien Takens-Hesse verwendet, welch letztere durch ihre Baumschulen internationalen Ruf erlangt hat.

122. *Hatzum. St. Sebastianskirche. Runder Taufstein auf Löwensockel. Sandstein. Um 1260/70.* Auch im Rheiderland findet sich, wie in Marienhafe (Bild 51), der in ganz Nordwestdeutschland, insbesondere im Münsterland, verbreitete „Bentheimer Typus" der runden Steinbecken, die auf einem aus vier Tierköpfen gebildeten Sockel stehen.

123. *Stapelmoor. Steinernes Haus, im Giebel datiert 1429.* Das hohe zweistöckige Steinhaus mit dem Datum im Dreibogen des Giebels stellt sich gleichrangig neben gotische Stadthäuser der Hansezeit. Da es in Stapelmoor Burgen zum Schutz gegen den Bischof von Münster gegeben hat, dürften in dem Pastorat Reste solcher Befestigung zu erblicken sein.

124. *Stapelmoor. Martinskirche. Südliches Querschiff und Westturm.* Die Wirkung der großartig gedrungenen Baugruppe der gegen 1300 erbauten Kreuzkirche erklärt sich daraus, daß die beiden Flügel des Querhauses um ein Drittel kürzer sind als West- und Ostflügel. Der Grundriß ist völlig unregelmäßig. Es gibt keine rechten Winkel (Textabbildung Seite 24). Der im Turm von einem achtteiligen Kuppelgewölbe überdeckte Chor wurde 1445 erneuert.

125. *Bunde. Martinskirche. Nördliches Querschiff.* Die Aufnahme vermittelt die hohe Schönheit der bedeutenden Kirche, der an anderen Partien, u. a. im Inneren, durch Vernachlässigung und unsachgemäße Eingriffe schlimm mitgespielt ist. Die spätromanische Backsteinkirche wurde im 13. Jahrhundert einschiffig, flach gedeckt, mit Querschiff und gerade geschlossenem Chor erbaut. Schon 1246

wurde sie durch einen Orkan ihres Turmes beraubt. Der Chor ist mit schlanken Fenstern – wie das hier abgebildete Querhaus – ausgestattet. Sie erheben sich über rundbogigen Blendarkaden. Das plastische Waffelmotiv im Giebel ist besonders reich und schön (vergleiche Bild 32).

126. *Bunde. Martinskirche. Choransicht mit Fenstergruppe und Rundfenstern.* Die Plastizität im Inneren entsprach ursprünglich der reichen Gliederung der Außenansicht. Der Chor war gewölbt; die Holztonne wurde 1705 eingezogen. Die Wand ist doppelschalig, ein etwa mannshoher Umgang mit Säulenarkaden umzieht den Chor. Unter dem Kalkanstrich sind Malereien verborgen; wie ein 1955–1959 freigelegter Akanthus aus dem 13. Jahrhundert beweist, offenbar von beachtlicher Qualität. Die Apsis mit ihrer markanten architektonischen Gliederung wirkt durch das sogenannte Abendmahlsmobiliar wie profaniert.

127. *Bunde. Martinskirche. Getrepptes Kirchengestühl mit eingelegten Türen. Mitte 18. Jahrhundert.* Die „Möblierung" des Kircheninneren hat in Bunde mit den alkovenähnlichen Kirchenstühlen, die man über Treppchen besteigt, eine ornamental reizvoll ausgeführte Sonderform entwickelt. Eine stilistisch ähnliche Uhr im Chor ist 1751 datiert.

128. *Sturmstimmung an der ostfriesischen Küste.*
    Sonne, Himmel, Meer und Sand
    und das Dorf in Gottes Hand.
    Wolken, Wind und Möwenschrei,
    als ob Mensch und Zeit nicht sei.
          Hermann Claudius

NACHWEISE

Die Ostfriesische Landschaft zu Aurich, einzige öffentlich-rechtliche Institution der kulturellen Selbstverwaltung in Ostfriesland, hat in den letzten Jahren ihre Aufgabe, wissenschaftlich zu forschen und die Ergebnisse in Monographien, Jahrbüchern und Zeitschriften zu veröffentlichen, mit großem Erfolg intensivieren können. Nachdem bereits 1965 eine Landschaftliche Bibliothek zur Verfügung stand, wurde 1973, zum 12. Friesenkongreß, das Institut zur Erforschung des friesischen Küstenraumes in einem Anbau des Landschaftsgebäudes eröffnet.

Seit 1950 gibt die Ostfriesische Landschaft das 1872 begründete Jahrbuch der Gesellschaft für bildende Kunst und vaterländische Altertümer zu Emden heraus, ferner enthält die Zeitschrift „Ostfriesland" (1949 ff.) Beiträge für Kultur, Wirtschaft und Verkehr des Landes.

Aus der Reihe „*Abhandlungen und Vorträge zur Geschichte Ostfrieslands*", herausgegeben von der Ostfriesischen Landschaft, wurden benutzt:

W. Kaufmann: Die Orgeln Ostfrieslands. Orgeltopographie. Bd. 43, 1968.

M. Meinz: Der mittelalterliche Sakralbau in Ostfriesland. Bd. 46/1966.

G. Müller-Jürgens: VASA SACRA – Altargerät in Ostfriesland. Bd. 36/1960.

R. Noah: Die mittelalterlichen Kirchen im Harlingerland. Bd. 51/1969.

Aus der Reihe „*Quellen zur Geschichte Ostfrieslands*":

J. G. Schomerus: Das Marienhafer Skizzenbuch des Baumeisters Martens aus dem Jahre 1829. Bd. 7/1968.

J. C. Stracke: Tracht und Schmuck Altfrieslands nach den Darstellungen im Hausbuch des Häuptlings Unico Manninga. Bd. 6/1967.

Die nachstehende Auswahl aus der übrigen Literatur nennt wesentliche ältere Arbeiten und neuere Veröffentlichungen, deren Ergebnisse und Nachweise weiterführen.

U. von Alvensleben: Die Lütetsburger Chronik. Geschichte eines friesischen Häuptlingsgeschlechtes. Selbstverlag 1955.

U. von Alvensleben: Mauern im Strom der Zeit. Schlösser und Schicksale in Niederdeutschland. Aus Tagebuchaufzeichnungen zusammengestellt von H. von Koenigswald. Frankfurt/Berlin 1969.

J. Fastenau: Ostfriesische Kunstgeschichte in Umrissen. Emden 1930.

K. Gerstenberg: Die deutschen Baumeisterbildnisse des Mittelalters. Berlin 1966.

B. Hellwig-Plate, Ghert Klinghe: Quellen und Darstellungen zur Geschichte Niedersachsens. Bd. 69. Hildesheim 1967.

H. Mitthoff u. *H. Wilhelm:* Kunstdenkmale und Altertümer im Hannoverschen. Bd. 7: Fürstenthum Ostfriesland und Harlingerland. Hannover 1880.

Ostfriesland. Weites Land an der Nordseeküste. Herausgegeben von Dr. *G. Möhlmann* mit Beiträgen von *H. Ramm, G. Schlechtriem, W. Schöningh, H. Wiemann* u. a. Essen 1969 (3. Auflage).

Ostfriesland im Schutze des Deiches. Beiträge zur Kultur- und Wirtschaftsgeschichte des ostfriesischen Küstenlandes. Herausgegeben von *J. Ohling.* 4 Bände. Leer 1969, insbesondere: *G. Kiesow,* Ostfriesische Kunst. (Bd. 4).

H. Ramm: Die Baugeschichte der 1732 erbauten Neuen Kanzlei in Aurich. Ostfriesland 1973, S. 17 ff.

H. Reimers, Ostfriesland bis zum Aussterben seines Fürstenhauses. Bremen 1925.

R. Robra: Mittelalterliche Holzplastik in Ostfriesland. Leer 1959.

G. Schlechtriem: Menso Hoyer, Zinngießer zu Amsterdam. Jahrbuch der Männer vom Morgenstern. Bd. 42, 1961.

H. Siebern: Die Kunstdenkmäler der Provinz Hannover. VI: Stadt Emden. Hannover 1927.

J. C. Stracke mit *W. Schöningh* und *A. Kappelhoff:* Emder Rathaus. Kulturspiegel Ostfrieslands. Emden 1963.

G. Wietek: Oldenburger Land. In der Reihe Deutsche Lande – Deutsche Kunst. München-Berlin 1956.

K. Wilhelm-Kästner: Der Raum Westfalen in der Baukunst des Mittelalters. In: Der Raum Westfalen II, 1. Münster 1955.

C. Woebcken: Kurze Geschichte Ostfrieslands. Jever 1949.

Die zweite Auflage meines Buches hält an dem Bemühen der ersten Auflage von 1967 fest, im Rahmen der Reihe Deutsche Lande – Deutsche Kunst die ostfriesische Kulturlandschaft in Wort und Bild zu würdigen. Das kann nicht durch Vollständigkeit im Sinne regionaler Bestandsaufnahmen erreicht werden, sondern durch eine deutende Auswahl, die den spezifischen Eigenwert gegen den Rang der übrigen deutschen Kunstlandschaften abzuwägen sucht. Autor und Fotograf haben sich mancher kritischen Beratung der Sachkenner in Ostfriesland erfreuen dürfen. Dafür gilt allen öffentlichen, privaten und kirchlichen Stellen ihr aufrichtiger Dank.

E. L.

Aufnahmen: Photo Wesse, Nordseebad Borkum 19. Harald Busch, Frankfurt/M. 107. Landesmuseum für Kunst und Kulturgeschichte, Oldenburg 108. Alle übrigen Aufnahmen, einschließlich der Farbaufnahmen, fertigte eigens für dieses Buch Lothar Klimek, Worpswede.

Es lieferten: Das Papier Scheufelen, Oberlenningen. Die Druckstöcke Brend'Amour, Simhart+Co, München. Den Druck C. F. Müller, Karlsruhe. ISBN 3.422.00091.7.

2. Auflage. Erschienen im Deutschen Kunstverlag GmbH München Berlin, 1973.

DIE BILDER

1. Aurich. Straßenbild mit Blick auf den Glockenturm der St. Lambertikirche

2. Aurich. St. Lambertikirche. Christus vor Kaiphas.
Flügelbild vom Ihlower Altar

3. Aurich. Reformierte Kirche. Einzelheit aus dem Innenraum. 1814

4. Aurich. Neue Kanzlei. 1731/32

5. Aurich. Die Regierungsgebäude

6. Aurich. Mausoleum. Zinnsarkophag der Fürstin Christine Charlotte (gestorben 1699) mit dem Allianzwappen Ostfriesland-Württemberg

7. Rahe bei Aurich. Der Upstalsboom, „Nationalheiligtum der Friesen".
Pyramide und Gedenktafel von 1833

8. Wiesens. Dorfkirche von Osten

9. Riepe. Kirche mit dem „Teebüchse" genannten Turm

10. Blaukirchen. Verlassener Friedhof

11. *Aufgeschlickter Polder bei Emden*

12. Emden. Blick vom Rathausturm gegen die Neue Kirche

13. Emden. Die Neue Kirche. 1643–1647 erbaut von Martin Faber

14. Emden. Das Hafentor von 1635, im Hintergrund das Rathaus

15. Emden. Das Rathaus, wiedererstanden 1958–1962

16. Emden. Rathaus. Glasfenster aus der „Sekretkammer": Moses und Justitia. 1576–78

17. Emden. Rathaus. Rüstkammer: halbe Harnische des 17. Jahrhunderts

18. Emden. Löschen im Erzhafen

19. Borkum. Der Alte Leuchtturm. Ausgebaut 1576

20. Campen. Marsch und Meer

21. Groothusen. Baumallee im Schloßpark

22. Groothusen. Pfarrkirche von Südwesten

23. Groothusen. Pfarrkirche. Schallöffnungen und Uhr am Turm

24. Groothusen. Pfarrkirche. Grabstein der Frau Adda von Meckenborch. Blaustein. 1590

25. Groothusen. Pfarrkirche. Bronzene Taufe. Gegossen 1454 von Ghert Klinghe

26. Groothusen. Steinernes Giebelhaus von 1637

27. Groothusen.
Die Osterburg, im 18. Jahrhundert als Nachfolgerin einer Häuptlingsburg errichtet

28. Loquard. Pfarrkirche. Passionsaltar. Niederrheinisch um 1510–1520

29. Loquard. Pfarrkirche. Passionsaltar. Christus unter dem Kreuz und die Hl. Veronika

30. Landschaft in der Krummhörn mit Blick auf Pilsum

31. Das Ortsbild von Pilsum

32. Pilsum. Pfarrkirche von Süden

33. Pilsum. Pfarrkirche. Die Vierung nach Norden

34. Pilsum. Pfarrkirche. Bronzene Taufe. Gegossen 1469 von Hinrich Klinghe

35. Pilsum. Pfarrkirche. Taufe.
Die Heiligen Paulus und Andreas; Stierkopf des St. Lukas-Symbols

36. Campen. Pfarrkirche. Das mit Maßwerk, Rippen und Malerei verzierte Kuppelgewölbe

37. Eilsum. Pfarrkirche. Inneres der gewölbten Einraumkirche mit der Bemalung aus der Erbauungszeit

38. Eilsum. Pfarrkirche. Der Markuslöwe vom Thron des Weltenherrschers. Chormalerei. Um 1240

39. Eilsum. Pfarrkirche von Süden

40. Greetsiel. Brücke von 1708 und Barockgiebel

41. Windmühlen bei Greetsiel

42. Eilsum. Pfarrkirche. Einzelheit von der bronzenen Taufe. Gegossen 1472 von Barthold Klinghe

43. Hinte. Pfarrkirche. Der Tod und das Mädchen. Grabplatte der Eilike Ripperda von 1547. Sandstein

44. Hinte. Wasserburg. Brückentor zum Vierflügelbau. 16.-18. Jahrhundert

45. Hinte. Wasserburg und Pfarrkirche

46. Hinte. Pfarrkirche. Inneres nach Westen

47. Dorfstraße in Hinte

48. Engerhafe. Pfarrkirche mit freistehendem Glockenhaus

49. Grimersum. Pfarrkirche. Ostgiebel

50. Marienhafe. Pfarrkirche St. Marien von Südosten

*51. Marienhafe. Pfarrkirche St. Marien. Taufstein aus Bentheimer Sandstein.
Um 1220/30*

52. Marienhafe. Pfarrkirche St. Marien. Drolerie und Drache vom Tierfabelfries

53. Marienhafe. Pfarrkirche St. Marien. Weibliche Heilige. Sandstein. Um 1260

54. Küste an der Krummhörn bei Pilsum

55. Osteel. Pfarrkirche von Südwesten

56. Norden. Mennonitenkirche, 1662 als Patrizierhaus erbaut

57. Norden. St. Ludgerikirche. Hochchor und sechsseitiger Umgang. Beendet *1481*

58, 59. Norden. Der Marktplatz mit der St. Lud

...che und dem freistehenden Glockenturm

60. Norden. St. Ludgerikirche. Chorumgang mit Sakramentshaus. Um 1510

*61. Norden. St. Ludgerikirche. Chorumgang.
Verkündigungsmaria aus der abgerissenen St. Andreaskirche. Um 1250*

62. Norden. St. Ludgerikirche. Der Hochchor mit Altar und Sakramentshaus

63. Norden. St. Ludgerikirche. Blick durch das Mittelschiff mit Kanzel, Empore und Lettner zum Hochchor

64. Norden. St. Ludgerikirche. Chorumgang. Levitenstuhl mit Darstellung der Verkündigung. Eiche. 1481

65. Norden. St. Ludgerikirche. Mittelschiff. Die Orgel von Arp Schnitger. 1686–1688

66. Norden. Rathaus mit Heimatmuseum und Theelkammer. Anfang 16. Jahrhundert

67. Norden. Osterstraße. Sparkassenhaus. 1576

68. Straßenbild in Hage

69. Hage. St. Ansgarkirche mit Westturm

70. Hage. St. Ansgarkirche. Passionsaltar im Chor. Eichenholz, gefaßt.
Ende 15. Jahrhundert

71. Hage. St. Ansgarkirche. Passionsaltar. Reitergruppe unter dem Kreuz

72. Hage. St. Ansgarkirche. Dreisitzstuhl. Eichenholz, ungefaßt. Um 1500

73. Lütetsburg. Wasserschloß. Das Torhaus der Vorburg und der Außengraben

74. Lütetsburg. Im Schloßpark der Fürsten zu Inn- und Knyphausen. Angelegt seit 1790

75. Die Windmühle in Hage

76. Am „Ewigen Meer", dem größten Hochmoorsee in Ostfriesland

77. Dornum. Wasserschloß. Torturm der Vorburg. 1698-1717

78. Dornum. Wasserschloß. Zugang über die Brücke zum Binnenhof der Vierflügel-Anlage

79. Dornum. Wasserschloß. Dreiecksgiebel: Athena zwischen Putten

80. Dornum. Bartholomäus-Kirche. Abendmahlskelch, silbervergoldet. 1467

81. Dornum. Bartholomäus-Kirche. Inneres nach Westen mit der Orgel von Gerhard von Holy (1711)

82. Dornum. Bartholomäus-Kirche. Grabstein des Gerhart von Closter, Häuptling von Dornum und Petkum. 1594. Blaustein

83. Dornum. Altes Pastorat

84. Die Ständermühle von Dornum

85. Neuharlingersiel. Krabbenfischer im Hafen

86. An den Dalben bei Harlesiel

87. Norderney. Das Staatliche Kurhaus, erbaut seit 1836 als Sommerresidenz der hannoverschen Könige

88. Zwischen Norddeich und Norderney

89. Spiekeroog. Inselfriedhof. Kapitänsgrabstele mit Zweimaster. Sandstein. 1796

90. *Spiekeroog. Inselkirche 1696*

91. Spiekeroog. Haus zur Linde

92. Nesse. Pfarrkirche. Heiliger König. Relief vom Taufstein

93. Nesse. Pfarrkirche. Taufstein mit Relieffiguren der Mutter Gottes, von Heiligem König verehrt, Verkündigung und Taufe Christi. Sandstein. Um 1250

94. Esens. St. Magnuskirche. Chorinneres mit Kreuzigungsaltar (1714) und Kanzel (1674)

95. Esens. St. Magnuskirche. Bronzene Taufe, gegossen 1474 von Hinrich Klinghe.
Deckel und Sockel später ergänzt

96. Esens. St. Magnuskirche.
Hochgrab des Häuptlings Sibet Attena von Dornum. Sandstein. 1476

97. Esens. Rathaus. Schäferszene. Ausschnitt aus einem Wirkteppich der von Wangelin-Stiftung. 17. Jahrhundert

98. Funnix. Pfarrkirche. Hl. Annaselbdritt. Eichenholz mit Resten von Fassung.
Anfang 16. Jahrhundert

99. Funnix. Pfarrkirche. Vesperbild. Eichenholz mit Resten von Fassung. Um 1520

100. Stedesdorf. Pfarrkirche St. Ägidii. Chor und Glockenturm

101. Neustadt-Gödens. Alter Friedhof

102. Neustadt-Gödens. Die Kirchstraße mit dem 1714 errichteten Zierturm der Lutherischen Kirche

103. Gödens. Wasserschloß. Parkseite

104. Gödens. Wasserschloß. Hauptansicht des auf einer Insel gelegenen Zweiflügelbaues

105. Gödens. Wasserschloß. Hauptportal mit Bauinschrift zwischen Genien (1669–1671) und dem Wappen der Herren von Fridag

106. Gödens. Wasserschloß. Festsaal

107. Jever. Stadtkirche. Grabmal des Häuptlings Edo Wiemken d. J. Antwerpen 1561–1564

108. Oldenburg. Landesmuseum. Bildnis des Grafen Edzard des Großen von Ostfriesland (1491–1528), von Jacob Cornelizs van Amsterdam. 1515

109. Reepsholt. Pfarrkirche. Zerstörter Turm

110. Küstenstraße bei Esens

111. Leer. Turm der Reformierten Kirche

112. Leer. Krypta der ehemaligen St. Ludgerikirche. Um 1200

113. Leer. Stadtwaage (1714) und Glockenturm des Rathauses

114. Leer. Haus Samson in der Rathausstraße. Erbaut 1643

115. Leer. Haus Samson. Der Laden.

116. Weener. St. Georgenkirche. Friedhof und Westturm

117. Weener. St. Georgenkirche. Orgel von Arp Schnitger im Choranbau von 1462

118. Weener. Rheiderländer Heimatmuseum. Hl. Magdalena aus dem Zug nach Golgatha vom Holtgaster Schnitzaltar. Eichenholz. Um 1520

119. Weener. Rheiderländer Heimatmuseum. Männergruppe aus dem Zug nach Golgatha vom Holtgaster Schnitzaltar. Eichenholz. Um 1520

120. Weener. Bürgerhaus

121. Weener. Friedhof. Grabplatten mit Wappen und Inschriften. Sandstein. 19. Jahrhundert

122. Hatzum. St. Sebastianskirche. Taufstein auf Löwensockel. Sandstein. Um 1260/70

123. Stapelmoor. Steinernes Haus, im Giebel datiert 1429

124. Stapelmoor. Martinskirche. Südliches Querschiff und Westturm

125. Bunde. Martinskirche. Nördliches Querschiff

126. Bunde. Martinskirche. Choransicht mit Fenstergruppe und Rundfenstern

127. Bunde. Martinskirche. Getrepptes Kirchengestühl mit eingelegten Türen. Mitte 18. Jahrhundert

128. Sturmstimmung an der ostfriesischen Küste